Som Goldberg

Bens legendäre Skills – Liebe deine Endgegner

Bisher erschienen:

Bens legendäre Skills – Liebe deine Endgegner

Bens legendäre Skills – Nächstes Level: Reality Check

Som Goldberg

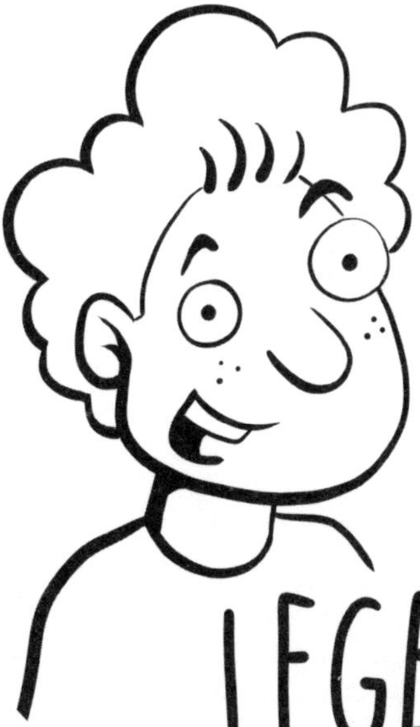

BENS LEGENDÄRE SKILLS

Liebe deine Endgegner

Band 1

ISBN 978-3-7432-0556-7
2. Auflage 2021
© 2020 Loewe Verlag GmbH, Bindlach
Dieses Werk wurde vermittelt durch die Literarische Agentur
Thomas Schlück GmbH, 30161 Hannover
Umschlag- und Innenillustration: Som Goldberg
Umschlaggestaltung: Jennifer Wunderwald unter Verwendung
einer Illustration von Som Goldberg
Printed in the EU

www.loewe-verlag.de

DER OHRWURM
#SCHMALZALARM

Ein brüllender, tobender **Gigant**. Die Erde bebt unter ihm.
Ganze Bäume hängen an seinen Beinen und Armen. So, wie
an uns Menschen im Sommer Grashalme kleben bleiben. Wir
sind für ihn kaum größer als **Käfer**, als wir an ihm hinaufklettern.
Lästige, aber flinke Viecher. Da er alles überragt, muss der
Kampf bis weit ins Land zu sehen sein. Alle schauen sie zu, aus
der Ferne. Die Menschen auf den Marktplätzen. Die Späher auf
den Burgzinnen. Die Wasserwühler auf ihren gezähmten
Schwimmechsen.

Das sind jetzt schon vierzig Meter.
Und das gerade mal am Hosenbund!

Beim Blick hinab zieht sich in mir alles zusammen. Der Blick nach oben? Barthaare am Kinn wie **Tannen**, die auf dem Kopf stehen. Und darüber: Augen aus Feuer, so groß wie Einfahrten in einen Autobahntunnel.

Wirrbart hatte die Idee: Um diesen Gegner zu besiegen, müssen wir in seine Ohren eindringen. Ohne den Magier an meiner Seite wäre ich nie so weit gekommen. Wer immer ihn spielt, irgendwo in der echten Welt – der Junge ist genial.

Oben angekommen, krieche ich in das Ohr. Es ist so groß wie eine Tropfsteinhöhle. Gelber **Schmalz** und baumstammdicke Haare. Im Schmalz steckt ein Wurm. Ein Wurm mit riesigen Ohren. Ohrwurm sagt man eigentlich zu Liedern, die man nicht aus dem Kopf kriegt. Hier sorgt ein echter Wurm dafür, dass aus einem Gnom ein achtzig Meter großer Gigant geworden ist. Ich ziehe mein Schwert. Wirrbart hat es extra für den Wurm verzaubert. Ich steche zu. Der Riese schrumpft wie ein Ballon, aus dem die Luft rauspfeift.

Unter Trommeln, Geigen, Trompeten und Chören stürzen Wirrbart und ich in die Tiefe zurück. Elegant nutzen wir die wirbelnden **Luftströme** des zusammenschnurrenden Riesen und gleiten auf ihnen zu Boden. Die Bäume prasseln auf den Waldrand und die Wiese nieder wie ein **Bombenhagel**. Wenn sie brechen, klingt das, als würde der Sperrmüll-Lkw alte Möbel zerbeißen. Wenn sie ganz bleiben, gibt es ein bauchiges **„Boing"**.

Das ist nur noch ein Achtzigzentimeterzwerg.

So, nun dürfen wir endlich das Gebiet betreten, das der Ohrwurm-Riese bewacht hat – den **Knüllwald**. Nur ganz wenige haben es bislang überhaupt hierhergeschafft. Niemand von ihnen kam seither wieder da raus. Man sagt, es liege an den Bewohnern dieses Waldes. Wir werden sehen.

Unter unseren Füßen wartet Wackelgras darauf, dass wir weitergehen, damit es sich in einem Schwung wieder aufrichten kann. Über unseren Köpfen stehen die drei **Monde** der Welt von **Exploria** am dämmerblauen Abendhimmel.

Argos, der große, weit weg und silbern schimmernd. Custos, der schnelle, mit seinem rotbraunen Nebel. Vor allem aber Convenius, der Mond, den sie besiedelt haben. Er schwebt so nah am Himmel, dass wir die Menschen dort oben sehen können. Kopfüber, in ihren Vorgärten und Städten und Häfen. Für sie wiederum stehen natürlich wir auf dem Kopf, hoch oben über ihnen. Den Kampf mit dem Achtzigmeterriesen müssen sie bemerkt haben. Wie ein Feuerwerk am Abendhimmel.

Ich bin nur so mittelgut in Physik, aber ich denke, in echt könnte kein Mond so eine nahe Umlaufbahn haben.

„Bist du bereit?", fragt Wirrbart. Seine Stimme klingt tief und satt. Wie ein Magier halt klingt, der zweihundertfünfzig Jahre alt ist. Das ist auch so eine geniale Idee in diesem Spiel. Baut man sich zu Beginn seinen Charakter, kann man sich über das Headset eine Stimme für die Gespräche aussuchen. Ich bin kein Magier, sondern ein Mensch. Modi, ein Soldat der siebten Garde. Meine Stimme ist nicht ganz so tief, aber schön rau, wie grob gekörntes **Schmirgelpapier**. Vielleicht ist Wirrbart in echt schon aus der Schule raus.

„Speichern", sage ich. So einfache Dinge vergisst Wirrbart gerne. Mein Vater erzählt oft von der Zeit, als man Spiele noch nicht überall speichern konnte. Er hat die alten Geräte aufbewahrt. Das **Super Nintendo**. Die erste **PlayStation**. Er spielt aber kaum noch. Ihn plagen jetzt andere Gegner.

Wir speichern. Die Musik dazu ertönt. Die Macher von **Exploria** haben für ganz viele Handlungen kleine Tonfolgen erfunden. Das sind dann auch Ohrwürmer, aber keine, die man aus den Schmalzhöhlen von Giganten ziehen muss.

Wirrbarts langer, knorriger Finger zeigt auf den Wald. Die Bäume stehen dicht an dicht. Es raschelt, als würden ihre Blätter über uns tuscheln.

Schon nach zwei Metern kann man kaum noch was sehen. Aus einem Astloch ragt das **Beinchen** einer Zedernspinne. Wirrbart erklärt: „Es gibt einige Wesen dadrin. Die allergefährlichsten sollen die sein, die klein sind und klein bleiben. Es sind Wutwichtel. Zornzwerge. Wenn sie sich aufregen, soll etwas Unglaubliches geschehen. Etwas, das nicht gestoppt werden kann."

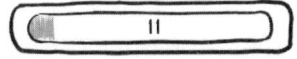

„Die Aufgabe in diesem Wald besteht also darin, immer so zu handeln, dass alle **sanftmütig** bleiben." Wirrbart schaut mich an. Seine Augen sind goldgelb. Sein Bart bewegt sich sachte in der Brise. Die Bäume rascheln. „Deswegen kam bisher niemand dadurch", sage ich. „Weil wir alle das Kämpfen gewohnt sind. Nicht das Ruhigbleiben."

„Genau", sagt Wirrbart. „Lass uns deswegen hier einen Cut machen. Wir brauchen einen frischen Kopf dafür. Morgen?" Ich maule. Aber er hat recht. Wirrbart hat meistens recht.

Ich atme tief ein. Also, tatsächlich im Spiel. Das geht. **Alt F7**. Bringt ein paar Kraftpunkte. Hilft immer. Wie im echten Leben. Einfach mal Luft holen. Ich drehe den Kopf und schaue in die Landschaft hinter uns, den Wald vor uns und den Mond über uns, auf dem die Bewohner kopfüber spazieren.

Die Zedernspinne klettert aus dem Astloch. Mit leisen, klappernden Geräuschen krabbelt sie am Baum entlang. Sie heißt so, weil sie selbst zum Teil aus Holz besteht. Tausende von neuen Tieren haben die Designer erfunden. Neue Pflanzen, neue Wesen. Man sagt sich, das Spiel sei so groß, weil es täglich wächst. Also wirklich wächst, wie ein Organismus. Keine **Add-ons**, die irgendwann erscheinen, sondern komplett frische Gebiete, die von selbst aus dem Code entstehen. Wie Evolution, nur im Eiltempo. Eine letzte Mahnung wird Wirrbart noch los, bevor sein Mensch sich ausloggt.

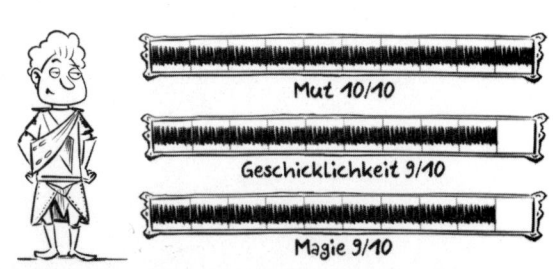

DER MAULWURF
#TIMING

Der Lüfter meines Rechners schnauft. Die Bilder, die Geräusche und die Musik von **Exploria** klingen noch nach. Was für ein Spiel! Ich schaue aus dem Fenster in den Garten und sehe meinen Vater, wie er **Häufchen** aus dem Katzenklo im Boden vergräbt. Mit der Schippe trägt er einen Maulwurfshügel ab. Danach buddelt er tiefer, bis er mit der Hand den Eingang der Höhle ertasten kann. Dann grinst er. Schließlich nimmt er die Katzenkacke aus dem Eimer und stopft sie in den Gang. Das winzige Tier ist sein ständiger **Endgegner**.

Der Katzenkacke-Gestank soll den Maulwurf vertreiben. Mein Vater ist längst Fachmann geworden. Die ganzen Hügel im Garten sind feindliche Basen für ihn. Eine Invasion.

Verbrämen nennt man das in der Fachsprache!

Unser Nachbar Heinz hat in seinem Garten keine Hügel und keinen Maulwurf, der ihn terrorisiert. Sein Rasen liegt so grün und gerade da wie der eines WM-Stadions vor dem Finale. Seine Bäume sind auch schöner beschnitten. Sein **Kompost** verrottet perfekter. Heinz ist ein Albtraum für meinen Vater.

„Ben, was ist das denn bitte?"

Meine Mutter steht in meinem Zimmer. Sie hält ein Schulheft in der Hand. Mein letzter Test in Erdkunde. Na, herzlichen Glückwunsch! Mein Vater schüttet das Loch wieder zu.

Ein typischer Muttersatz. Damit wollen sie einen in die Enge treiben. Man soll sich verteidigen. Wie ein Angeklagter vor Gericht. Aber wer sich verteidigt, hat schon verloren. Da hilft nur der Gegenangriff.

„Gegen 18 Uhr 45 wollte ich dir das sagen. Weil wir dann schon gegessen haben. Schlechte Nachrichten verkraftet man mit vollem Magen besser. Ich denke halt mit."

„Jetzt wird er auch noch frech!", sagt meine Mutter. Als wäre ich gar nicht da. Als säße da ein Publikum, zu dem sie spricht. Als spiele sie ein Stück auf der Bühne, mit großen Gesten. In einem gut gefüllten Theater.

Draußen hat mein Vater den nächsten Hügel abgetragen. Er stößt tief in die Erde vor. Seine Hand greift in den Katzenkacke-Eimer.

„In Mathe oder Chemie. Das könnte ich verstehen. Ich hatte früher selber schlechte Noten, wenn's um Formeln ging. Oder um Reaktionsgleichungen. Brrrr!" Meine Mutter schüttelt sich. „Aber eine Sechs in Erdkunde? Dein Ernst? Ihr musstet doch bloß Berge und Flüsse richtig zuordnen."

„Ich kann mir die Orte nicht merken", sage ich. „Ich muss sie erst gesehen haben." Das stimmt. Alles, was ich sehe, behalte ich im Kopf. In der echten Welt und in den **Maps** von Spielen.

War ich da, ist es gespeichert.

„Das heißt, wir müssen mit dir erst in die Anden fliegen, bevor du dir merken kannst, wo sie liegen? Oder an den **Amazonas?**"

„Das wäre eine Maßnahme", sage ich.

Im Garten zieht mein Vater die Hand aus dem Eimer. Er stutzt. Die Katzenscheiße ist alle. Er steht auf und geht mit dem Eimer Richtung Gartentor.

Meine Mutter reißt das Fenster auf.

„Wo willst du denn hin?"

Mein Vater zeigt die Straße hinab. Zu den Nachbarn. Er wedelt mit dem Eimer.

Ich brauche frische Katzenhaufen!

Meine Mutter **rauft** sich die Haare. „Tobias!"

Mein Vater stoppt. Immer, wenn meine Mutter „Tobias" statt „Tobi" oder „Schatz" sagt, wird es ernst. „Du gehst jetzt nicht durch die Nachbarschaft und fragst die Menschen, ob sie dir die Hinterlassenschaften ihrer Katze rausgeben!"

Wir wohnen in einem ruhigen Viertel. Vorgärten. Carports. Kübelpflanzen.

Manche haben so einen runden Pool, den man mit dem Gartenschlauch füllt. Nach einer Woche schwimmen immer tausend tote Viecher auf dem Wasser. Eine harte **Insektenkruste**.

Meine Eltern haben unsere Katze Buffy genannt, weil eine Fernsehserie früher so hieß. Über eine Vampirjägerin an einer Schule. Sie haben mir ein paar Folgen gezeigt. Cool irgendwie, aber auch seltsam.

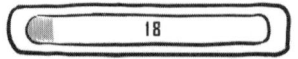

Den Maulwurf durch den Gestank von Katzenscheiße zu vertreiben, ist Vaters neue Kampfstrategie. Vorher hat er's mit diesen Klangstäben versucht, die man in die Erde steckt. Sie fiepen und vibrieren. Irre machen sie nur den Menschen, nicht den Maulwurf.

„Tobias!", sagt meine Mutter. „Du musst warten, bis unsere eigene Katze wieder aufs Klo geht. Man fragt Nachbarn nicht nach Geld. Man fragt sie nicht nach dem Rasenmäher. Und schon gar nicht fragt man sie nach den Häufchen ihrer Katzen." Sie dreht sich zu mir. „Ben, wir beide gehen jetzt ins Wohnzimmer und üben mit dem großen **Atlas**." Und zu ihrem Publikum sagt sie: „Der Mann spielt mit Katzenkacke und der Sohn schreibt Sechsen in Erdkunde. Das kann ja wohl alles nicht wahr sein!"

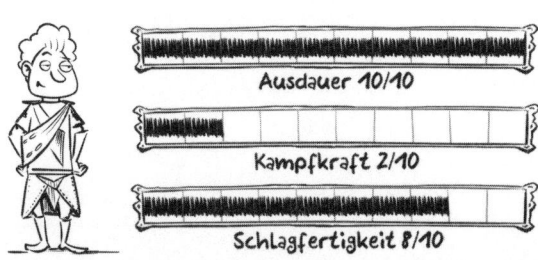

Ausdauer 10/10

Kampfkraft 2/10

Schlagfertigkeit 8/10

DIE BLÄTTER
#BLÄTTERTOD

Meine Mutter scheucht mich ins Wohnzimmer. Also, sie versucht es. Selbstverständlich lasse ich mich nicht mehr scheuchen. Mit vierzehn muss man beherrschen, was eine Katze schon mit zwei kann. Niemals direkt gehorchen. Als ich sechs oder sieben war, habe ich noch gehört. Wie ein kleiner, schwanzwedelnder Hund. Manchmal denke ich, meine Mutter hat nicht mitgekriegt, dass ich mich seither weiterentwickelt habe.

"So!", sagt meine Mutter. "Länder. Berge. Flüsse." Wenn meine Mutter **„So!"** sagt, denkt sie, sie habe alles im Griff.

Sie geht zum Bücherregal. Es ist riesig. Zehn mal sechs Fächer. Echtes Holz. Gefüllt ist es vollkommen chaotisch. Als würde das Papier darin von selber wachsen. Meine Eltern wollen das dringend mal aufräumen und neu sortieren. An Ostern haben sie es sich vorgenommen. An Ostern 2012.

Meine Mutter zieht das riesige Buch mit den Landkarten aus einem Fach. Es wiegt mehr als manche meiner Mitschülerinnen. **Der neue Weltatlas** steht darauf, aber neu war der schon nicht mehr, als ich geboren wurde.

„Es gibt auch **Google Earth**", sage ich.

„Genau das ist euer Problem!", sagt meine Mutter.
„**Google Earth. Google Maps. Google** hier. **Google** da. Als ich in deinem Alter war, konnte ich noch Landkarten lesen."

Das Ungetüm rutscht meiner Mutter aus den Fingern und fällt auseinander. Sie hält noch den Buchumschlag in der Hand, aber der Inhalt knallt auf den Boden. Als der schwere Papierklotz aufprallt, fallen die Blätter von den großen Topfpflanzen. Raschelnd verteilen sie sich auf den Dielen neben ein paar wehenden Wollmäusen.

Wie erschossene Kämpfer liegen sie auf dem Boden.

Manche weich und gelb. Manche braun und verschrumpelt.

"Papa hat wohl lange nicht gegossen", sage ich.

Meine Mutter sagt zu ihrem Publikum: "Er muss gar nicht viel tun!" Dieses Mal meint sie nicht mich, sondern meinen Vater. Meine Mutter hat die Aufgaben bei uns genau verteilt. Papa muss die Blumen gießen, den Müll entsorgen und Getränke holen. Viel Wasser. Kistenweise. In **Glasflaschen**. Er ist außerdem für das Auto zuständig. Und den Dachboden.

Ich spüle viel. Das mache ich sogar ganz gerne. Wobei das stark auf das Spülmittel ankommt. Ich bin nicht nur ein Seh- und ein Hörmensch, ich rieche auch sehr gut. Also, ich kann gut riechen, meine ich. Das andere müssen meine Mitmenschen beurteilen. Mit Pfirsich jedenfalls spüle ich gerne. Zitrone und Aloe Vera gehen auch. Außerdem weiß ich als Einziger, wo genau im Haus was ist. Mein "Job" ist allerdings vor allem, "gute Noten" nach Hause zu bringen, sagt meine Mutter. Und darin versage ich gerade. Wenigstens lenkt der Blätterhagel sie jetzt ab.

Ich hole Besen, Kehrblech und einen Eimer. Meine Sechs in Erdkunde ist vergessen. Wie irre schüttelt meine Mutter an den Zimmerpflanzen. Sie sollen alles abwerfen, was noch an den Zweigen hängt, aber schon kaputt ist. Ein Regen trockener Blätter rieselt auf den Boden. Es knistert leise.

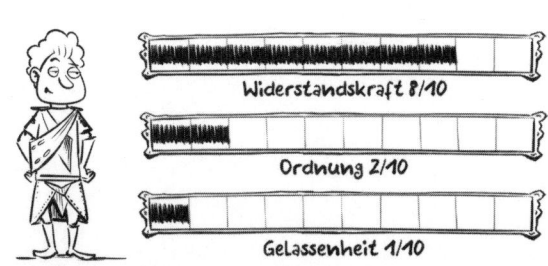

Widerstandskraft 8/10

Ordnung 2/10

Gelassenheit 1/10

DIE PYREHÄEN
#ORIENTIERUNGSFEHLFUNKTION

In der Schule denke ich an die Worte meiner Mutter, dass sie noch Landkarten lesen konnte. Blödsinn. Ohne die **Kompass-App** weiß sie auch nicht, wo Norden ist. Mein Opa Ludwig, der wusste das. Er konnte vieles richtig gut. Schwimmen. Fahrräder reparieren. Mit Tieren umgehen. Er hätte den Maulwurf in ein Gespräch verwickelt und zum Auswandern überredet. Über meine Mitschüler hätte er aber sicher gelästert. „Man muss nicht alles können", hat er immer gesagt. Was heißt: Manches aber schon! Und zwar das, wofür man sich von Herzen interessiert.

Die Kleineren auf dem Schulhof interessieren sich wenigstens für Tischtennis. Drüben an der Steinplatte machen sie **Rundlauf** und quietschen dabei.

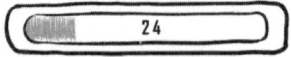

Der Tischtennisball klackert auf der Platte. Ich kaue einen
Apfel rund um sein Gehäuse ab.

Während der Ball über die runde Platte fliegt, fliegen meine
Gedanken wieder zu **Exploria**. Minispiele gibt's darin auch
zuhauf.

Skifahren, Segelfliegen, Bowling ... die Pins dabei sind lebendig
und wehren sich dagegen, von der Kugel umgeworfen zu
werden. Es klingelt zum Ende der Pause. Zwei Meter entfernt
von mir steht ein Müllkorb. Ich versuche mich an einem
Wurf und treffe daneben.

Im Klassenraum wandern alle Telefone eine Stunde lang ins
Ruheregal. Zumindest, wenn wir bei Frau Gneis haben. Mein
Opa hätte diese Lehrerin gemocht! Sie hat das Ruheregal
erfunden. Fünfundzwanzig Fächer aus Birkenholz auf einem
großen Brett an der Wand.

Jedes Fach trägt einen unserer Namen. Jedes Fach schluckt ein Smartphone. Wie ein **Holster** für Pistolen. Nur nicht am Gürtel, sondern an der Wand. Am Anfang war großes Gezeter. Aber jetzt finden es alle gut. Mit leisen „Klacks" rutschen die Geräte in die Birke. Frau Gneis war früher bei der **Bundeswehr**. Eine echte Soldatin. Sie kennt Albanien und Afghanistan, sagt man. Sie hat gekämpft und geschossen. Jede Stunde beginnt damit, offene Konflikte zu lösen. Keiner kommt darum herum.

„So, Amara und Kim, was war da vor der Sporthalle los gestern? Kommt, raus mit der Sprache!" Die beiden Mädchen gucken erstaunt. Als ob sie sich immer noch wunderten, dass Frau Gneis alles mitkriegt. Ihre Notizen macht die Ex-Soldatin in einem echten Buch, nicht auf einem Tablet.

Amara sagt: „Die hat mich gefilmt, wie ich Müll gepickt habe, die **Bitch**!"

Kim winkt ab. „Spaß. Die soll sich nicht so anstellen."

„Ich film dich aber nicht und poste es sofort mit **#Trash-Lady**", sagt Amara.

Keine Beleidigungen!

Kim kichert. Frau Gneis sagt: „Hast du?" Kim nickt.

Frau Gneis sagt: „Ist das gelöscht?"

Kim ruft: „Ja, sicher, **Alter**. Meine Güte!"

Frau Gneis sagt: „Gut. Kim, morgen Müll picken."

Kim jault: „Echt jetzt?"

Frau Gneis sagt: „Und wehe, jemand filmt dabei!"

Neben mir macht Fadi Notizen für sein nächstes Video. Mein bester Freund aus der Schule. Vater aus Marokko am Mittelmeer. Mutter aus Mülheim an der Ruhr. Ihn würde mein Opa auch mögen, denn Fadi erforscht gerne die echte Welt.

Nicht so wie mein Opa es als Junge getan hat. Er war gern allein im Wald unterwegs und beobachtete mit seinem Feldstecher Tiere.

In seiner Freizeit klettert Fadi in verlassene Gebäude. Ruinen. Bauleichen. Spukhäuser. Sein Kanal **Fadis Lost Places** hat schon über fünfzigtausend Follower. Völlig zu Recht! Fadi braucht kein Smartphone, um zu planen.

An der Wand hängen die Teamregeln, die Frau Gneis mit uns aufgestellt hat.

☺
Mein Material ist da.

Ich bewahre Ruhe.

Ich nehme Rücksicht.

Eigentlich finde ich sie albern. Wir sind keine Kleinkinder mehr. Aber der Punkt mit der Ruhe wirkt. Streit geht durch ihn schneller vorbei.

Frau Gneis schaut wieder in ihr Notizbuch. Eine schwarzblaue Kladde in DIN A4. „Djamila und Leonie, was ist mit dem **Girl's Day**? Habt ihr euch darum gekümmert, in welchen Beruf ihr an dem Tag reinschnuppern wollt?"

„Ach, scheiß Girl's Day", flucht Djamila.

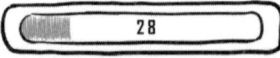

„Ich will nix werden", sagt Leonie, „ich heirate schnell einen reichen Typen."

Alle lachen.

Frau Gneis bleibt gelassen. „Kümmert euch darum, sonst macht ihr beide an dem Tag den Hof. Nicht bloß Müll picken, auch die Wiesen, inklusive Hundehaufen. So."

Die Mädchen fluchen. Frau Gneis macht einen Haken in ihre **Kladde**. Dann steht sie auf, zieht den verfluchten Ständer in die Mitte und lässt - ratsch! - die große Weltkarte herunter. Kein Beamer. Kein **Google Earth**. Nur die alte, müffelnde Karte auf schwerem Material. Frau Gneis hält nichts von der digitalen Schule. Sie sagt, wenn das Netz eines Tages ausfällt, will sie uns nicht hilflos auf dem Boden zappeln sehen wie Käfer auf dem Rücken. Sie kann allein mit einem Kompass ihr Ziel finden. Unter Feindbeschuss.

„Ben, kommst du bitte nach vorne?"

Scheiße. Bei der **Bundeswehr** hätte Frau Gneis es weniger höflich gesagt. Sie hätte wohl gebrüllt: „Siegert, antreten!"

Meine Ohren sausen aber auch so, ohne Brüllen. Mein Herz rattert wie eine Nähmaschine. In meiner Brust sitzt ein **Siphon**, wie unter dem Waschbecken. Jemand hat den Stöpsel gezogen. Gurgelnd läuft das ganze Wasser ab. Es dreht sich dabei und reißt Flusen mit sich.

„Geht's von alleine weiter oder soll ich einen **Euro** reinschmeißen?", fragt Frau Gneis.

Manuel lacht. Für ihn ist das ein gefundenes Fressen. Er ist wie diese Jagdvögel, die am Rande von Landstraßen auf den Zäunen sitzen. Die warten ja darauf, dass ein Auto ein Tier überfährt. Danach ist Büfett.

Ich stehe auf und schlurfe nach vorne. So lässig ich kann.
Als wäre mir alles egal.

Frau Gneis sagt: „So, Ben. Zeig uns mal den Verlauf der Pyrenäen."
Verflucht. Ich weiß nicht einmal, wie man das schreibt. Die
Augen der Klasse sind auf mich gerichtet.

Mich interessieren darin nur zwei. Die von Emma.

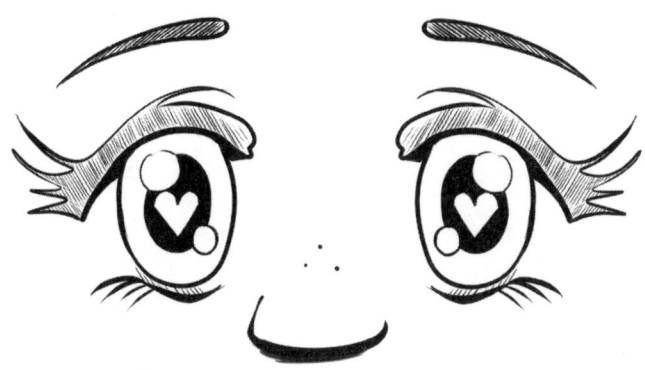

Ich kenne diese Augen seit dem Kindergarten. Heute machen
sie mir die gute Art von Herzrasen. Ich weiß nur nicht, ob das okay
ist bei einem Mädchen, mit dem man schon die Sandförmchen
geteilt hat. In meinem Kopf schwirrt der Name der Bergkette.
Wie schreibt man sie? Pirinäen? Pyrinäen? Pirynäen? Wer soll sich
so was merken? Um ehrlich zu sein: Ich bin gerade nicht mal
sicher, ob die in Südamerika liegen oder in **Europa**.

Nur ein paar Bilder sehe ich vor mir. Kleine Menschen mit
Strickmützen. Große Kletterziegen mit geschwungenen Hörnern.

Emma und Fadi versuchen, mir Zeichen zu geben. Es klappt nicht. Frau Gneis sagt: „Ben, komm schon."

Manuel sagt: „Guckt mal, der zittert ja. Wie **Eschenlaub**." Er lacht. Klappernd. Wie ein alter Motor.

Das regt mich auf. „Es heißt **Espenlaub**, du Opfer!", rufe ich in seine Richtung. Manuel springt auf. Ich provoziere ihn weiter: „Du hältst wohl auch jeden **Vollpfosten** für einen Baum!" Manuel kommt auf mich zu. Fadi stellt sich in den Weg. Stühle rücken. Hefte fallen auf den Boden.

„Schluss jetzt!"

Frau Gneis' Stimme klingt so laut wie das Horn eines Containerschiffes. Alle bleiben stehen, wie auf Pause.

„Manuel, Fadi, wieder hinsetzen, aber sofort!" Die beiden setzen sich. Frau Gneis wendet sich zu mir. „Ben, schließ die Augen und atme einfach erst mal. Nur atmen."
„Das ist doch ..."

„Vertrau mir. Vertrau dir. Mach es einfach."

Ich schließe die Augen. Atmen. Okay, bei **Exploria** hilft es auch. **Alt F7**.

„Gut. Jetzt konzentriere dich. Die Pyrenäen."

Ich versuche, Bilder zu finden. Schroffe Flanken. Das Wetter sonnig, aber kalt. Grasbüschel, die aus Felsen wachsen.

„Das ist gut", sagt Frau Gneis. Wieso sagt sie das? Habe ich das etwa gerade nicht bloß still gedacht? Habe ich das laut gesagt?

Ich öffne die Augen. Manuel muss sich den Mund zuhalten. Emma scheinen die Bilder, die ich laut ausgesprochen habe, aber gefallen zu haben. Ihre blaugrünen Augen strahlen. Ich drehe mich um und zeige auf eine Bergkette.

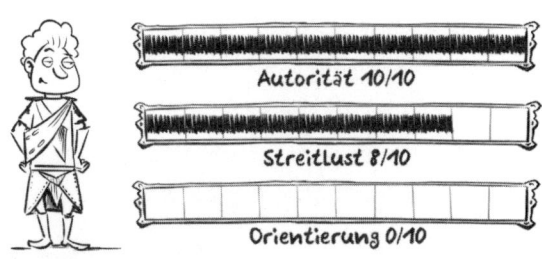

DIE RINGE
#HERRDERRINGE

„Die Anden!", gackert Manuel und nimmt einen Schluck aus
der kleinen Flasche. Gleich haben wir Sport. Die Umkleide riecht
nach saurem **Fußschweiß** in billigen Einlegesohlen. „Was für ein
Opfer! Soll auf die Pyrenäen zeigen und zeigt stumpf auf die
Anden!" Ich versuche, es zu ignorieren. Manuel schlägt nieman-
den und stopft einen auch nicht kopfüber ins Klo. Das passiert
nur in amerikanischen Filmen. Niemand macht das in echt. Noch
nicht einmal von der Schule im Köhlerviertel hat man das jemals
gehört.

Das würde ich in
echt nie machen.

„Hier, guck! Ganz frisch. Lade ich nachher hoch. Ich nenne es
trockengelegt." Fadi hält mir sein Smartphone vor die Nase. Ich
schaue das Video. Das alte Freibad unten am Stadtrand. Davon
habe ich gehört. Stillgelegt, seit vier Jahren. Niemand kauft es.
Alles gammelt vor sich hin.

Mit der **GoPro** auf der Stirn schleicht Fadi durch die verlassenen Räume. In einem Schrank hängt noch eine Hose. Aus einem anderen rankt ein dorniger Zweig heraus. Ein Zweig! Aus einem Schrank! Wie der knochige Arm eines Zombies.

Wie ernährt sich das Ding? Aus den Fugen? Ich bekomme eine Gänsehaut. Fadi betritt das Innere des Freibads. Die Kamera zeigt das alte Becken. Grünspan hat die blauen Fliesen überwachsen. Dunkel liegt das wasserlose Becken da. Wie ein matschiges Tor in eine andere Dimension. Es ist vollkommen ruhig. Kein Wind. Die Kamera schwenkt zum Rand der gefliesten Tiefe. Dorthin, wo früher die Eisbude war. Das Fenster ist vernagelt. Die steinerne Tischtennisplatte wird vom Efeu gefressen. Es umschlingt sie wie eine Würgeschlange.

„Und?", fragt Fadi.

„**Hammer**", sage ich.

„Welche Musik soll ich drunterlegen?"

Ich gebe ihm das Telefon zurück und sage: „Weißt du was? Gar keine. Nur die Geräusche. Die Stille. Das ist am krassesten."

Manuel schüttelt den Kopf. „Verlassene Orte ohne Musik. Wie **wack** ihr doch seid!" Auf der anderen Seite der Umkleide steht ein Mülleimer. Seine Öffnung ist klein. Manuel zielt und wirft seine leere Plastikpulle quer durch den Raum hinein.

Herr Löffler streckt seinen Kopf durch die Tür der Umkleide.

„Jungs, kommt. Die neuesten Hip-Hop-Videos könnt ihr nachher noch gucken. Wir wollen anfangen." Fadi und ich schauen uns an. Wir unterdrücken ein Lachen.

Herr Löffler ist das Gegenteil von Frau Gneis. Er tut so, als wäre er einer von uns. Dabei ist er auch schon fast dreißig. Den Jungs kommt er immer mit Hip-Hop und den Mädchen mit Filmstars. Als wär das nicht peinlich genug, sind die Sachen, die er erwähnt, meistens mindestens ein Jahr alt.

Wir folgen ihm in die Halle. Als mein Schuh das erste Mal auf dem Boden quietscht, sehe ich den Horror. Jetzt würde eine Musik darunterpassen! Eine düstere, mit den schwärzesten aller Geigen.

Unsere Mitschüler bauen den **Parcours** der Hölle auf. Emsig wie die Ameisen schieben sie Böcke und Barren aus dem Geräteraum in die Halle. Andere schleppen die blauen Matten. Diese furchtbaren Teile. Sie müffeln, sind hart und haben die schlechten Erinnerungen Tausender Schüler in sich gespeichert, die auf sie draufgefallen sind.

Manuel lässt eine der Matten direkt vor meinen Füßen fallen. Es knallt und hallt. Sein Blick richtet sich nach oben. Böse funkeln seine Augen. Er fragt: „Na, freust du dich schon?" Ich schaue hoch. Die Musik, die jetzt kommen müsste, kann man kaum beschreiben. Sie hat tausend Trommeln, bezogen mit der Haut besiegter Krieger. Und einen Chor schreiender **Zombies**. Denn ... die verfluchten Ringe senken sich langsam von der Hallendecke herab. Jetzt ist mein Tag endgültig gelaufen.

Wenig später stehen wir vor diesen Folterinstrumenten. Wir sollen die Ringe packen und uns dann einmal nach hinten weg überschlagen. Jeder schafft es. Der bescheuerte Manuel. Fadi, der danach guckt, als wollte er sagen: „Sorry, Alter!" Sogar die zickige Djamila, die nun im Leben auf gar nichts Bock hat.

Nun bin ich dran. Alle gucken. Auch Emma. Herr Löffler
grinst dämlich und meint, das sähe ermutigend aus. Ich atme.
Alt F7. Alt F7. Alt F7. Es hilft nicht. Ich weiß, was jetzt
kommt. Aber Aufgeben wäre noch schlimmer.

Ich hänge mich an die Holzringe.

Versuche, mit den Beinen Schwung zu nehmen. Aber nichts. In
dem Moment, wo ich hänge, hänge ich. Wie ein nasser Sack.

„Es liegt nicht an den Muskeln, sondern an der Körperspan-
nung", sagt Fadi immer. Er klettert ja ständig, in seinen Videos.
„Spannung ist alles." Tja. Dann bin ich halt maximal unspannend.
Ein **Muskel-Langweiler**. Beim siebten Anlauf schwinge ich halb
hoch. Meine schwitzigen Hände rutschen ab. Ich lande platt auf
der harten Matte. Es klingt, als hätte man einen Sack nasser
Gartenerde auf den Vorplatz geworfen.

„Macht nichts, macht nichts, macht nichts", sagt Herr Löffler. Er hält mir die Hand hin, um mich hochzuziehen. Ich ignoriere sie. Im Hintergrund saust Manuel kichernd zur Toilette, sein Telefon in der Hand.

„Es gibt keine Verlierer!", ruft Herr Löffler in die Runde. Wie jedes Mal. Das ist sein Motto. Das Motto geht noch weiter mit: „... solange man es versucht!"

Ich wuchte mich von der Matte hoch. Schaue nach Fadi und Emma. Fadi ahnt schon, was ich ihn fragen will. „Ja", nickt er flüsternd, „Manuel hat das **gefilmt**."

Nach dem Sport ist das Video bereits online. Ich stehe auf dem Schulhof und schaue es mir an. Fünftklässler strömen an mir vorbei auf dem Weg nach Hause. Wie kleine Fische in einem Gebirgsbach. Ich hebe eine zertretene Limodose auf.

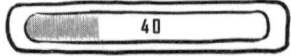

„Ich hab nicht gefilmt!", hat Manuel behauptet und sein Handy hochgehalten. „Ischschwör!"

Ja, sicher. Das Video heißt **Der Herr der Ringe**. Es hat schon siebenunddreißig Likes und zwei Kommentare. Der erste lautet: „Was für ein Spast!" Ich ziele mit der flachen Dose auf den Müllkorb. Sie segelt daneben. Ich fluche.

„Da gibt's aber bessere Gründe für Schimpfworte!"

Frau Gneis lächelt mich an. Sie schließt ihr Fahrrad auf. Die meisten Lehrer haben ein Auto. Hinten, auf dem Parkplatz. Der Löffler fährt einen alten **VW-Bus**. Frau Gneis hat dieses Mountainbike ohne Elektromotor. Ich weiß nicht warum, aber ich möchte ihr erklären, wieso ich heute an der Landkarte versagt habe.

„Frau Gneis?"

„Ja?"

Nennen Sie mir eine Straße. Irgendeine. Hier in der Stadt.

Sie denkt nach, ihr Schloss in der Hand. Sie sagt: „Der Habichtsweg."

Ich überlege kurz. Dann antworte ich: „Zweite halb rechts hinter dem Friedhof. Dieses Wohnviertel gegenüber dem Feld mit dem einzelnen Baum in der Mitte. **Spielstraße**. Schrittgeschwindigkeit. Ein Ringmuster in den Pflastersteinen. Am Ende liegt der Bäcker Köhnen."

Frau Gneis zieht die Augenbrauen hoch. „Wow!"

Ich sage: „Das kann ich auch mit Straßen in Berlin. Oder auf Borkum. Oder in Holland. Überall, wo ich selber war."

Frau Gneis bindet ihr Schloss um die Sattelstange. „Wissen Sie, wie ich das nenne?", frage ich. „Meine **Lebenslandkarte**. Wo ich war, ist sie hell. Und dann weiß ich alles. Wo ich noch nicht war, bleibt sie dunkel. Da sind die Anden dann schnell die Pyrenäen. „Und in Spielen kann ich mir alles merken", rede ich weiter. „Egal,

wie groß die sind. Bei **Google Earth** aber nur ein bisschen. Da ist man zwar auch da, aber irgendwie auch wieder nicht. Das vergesse ich schnell wieder."

Einen Moment wirkt es so, als ob Frau Gneis etwas sagen wolle und es dann verwerfe, um was anderes zu sagen. Sie fragt: „Und gerade? Was hat dich da so am Handy festgefroren? Also, bevor du Zielwerfen geübt hast?"

Ich lüge: „Ach, nichts." Würde ich die Wahrheit sagen, könnte sie womöglich was unternehmen. Es kotzt mich an, was durch das Video passieren wird. Ich werde mir jeden Tag vornehmen, nicht reinzugucken. Keine Kommentare zu lesen. Natürlich werde ich doch. Aber ich bin keine **Petze**.

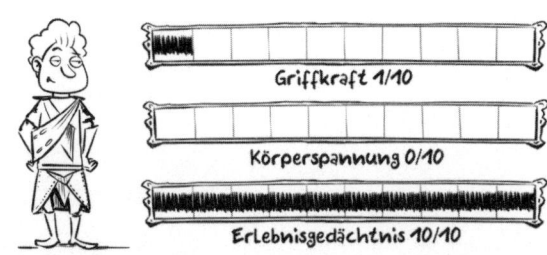

DIE WUTWURZEL
#STROMAUSFALL

Zu Hause schleudere ich meine Schuhe in die Ecke. Ich rufe „Bin oben, Hausaufgaben!" durch das Treppenhaus. Meine Mum kramt im Wohnzimmer herum. Papa sitzt in seinem **Homeoffice** und grübelt über Programmierzeilen. Er schreibt Software für kleine Firmen. Für Rechnungen und Löhne und so was. Unglaublich trocken. Für meine Mutter und mich ist er dann nicht ansprechbar. Nachbar Heinz denkt, dass er „im Grunde nicht arbeitet", denn „Arbeit" bedeutet für Heinz, aus dem Haus zu gehen.

Natürlich mache ich keine Hausaufgaben, sondern werfe sofort den Rechner an. Ich lasse das Rollo herunter, damit es im Zimmer dunkler wird und **Exploria** umso heller strahlt. Wenig später stehe ich am Rande des Knüllwalds. Allein.

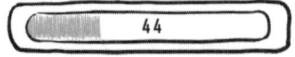

Ich denke an Wirrbarts Worte. „Geh nicht ohne mich rein",
hat er gestern gesagt. „Den Knüllwald schafft man nur gemeinsam." Ich öffne das Menü mit der Freundesliste. Lade ihn ein. Er
ist nicht da. Ich greife zu meinem Telefon und sende ihm eine
Nachricht.

Da wir so ein enges Team sind, haben wir schon unsere Nummern
in der echten Welt ausgetauscht. Sein Profilbild im Messen-
ger-Dienst sieht genauso aus wie im Spiel. Es bleibt bei einem
Häkchen. Er ist nicht zu erreichen.

Meine Güte, was soll schon passieren? Ein Blick in diesen Wald
ohne ihn wird doch nicht schaden, oder? Immerhin bin ich
Modi. Kein Superstar, aber auch kein Amateur in diesem Spiel.
Außerdem kann ich mir einen nicht menschlichen Helfer
aufrufen, den ich mir erspielt habe. Samra. Ich beschwöre ihn.

Non-Player Character wie Samra kann man sich in **Exploria** wie Waffen verdienen. Sie alle haben einen Standardspruch parat. Samra sagt immer: „Was geht?" Etwas peinlich. Fast wie das Gekumpel von Herrn Löffler. Aber zu mehr als Samra hat es bei meinen Trophäen im Spiel noch nicht gereicht. Samra ist ein **Besenblaffer**. Das ist eine Kaste im Spiel, wie früher die Knechte von Bauern. Treue Helfer. Sehr ausdauernd. Ein bisschen tumb. Hart im Nehmen. Aber auch: knurrig, ungeduldig und etwas überdreht.

„Ah, der Knüllwald!", krächzt Samra. „Da sind lila Blüten drin, habe ich gehört."

„Konzentrier dich!", sage ich. Das ist natürlich Quatsch. Die Computerfiguren hören nur auf bestimmte Befehle. Obwohl sie manchmal auch wie Menschen wirken.

Wir setzen den ersten Fuß in den Wald. Das Laub raschelt. Sofort wird es dunkler. Unter unseren Füßen knackt das Unterholz. Samra zieht von selbst seine Standardwaffe — einen Besenstiel mit lauter spitzen Nägeln am Ende.

Was hat Wirrbart gesagt? „Die Aufgabe in diesem Wald besteht also darin, immer so zu handeln, dass alle sanftmütig bleiben." Wenn ich so drüber nachdenke ... vielleicht war es doch nicht die beste Idee, ausgerechnet mit Samra in diesen Wald zu gehen. Das Licht wirkt **diffus** zwischen den dichten, hohen Bäumen. Ich schaue nach oben. Ihre Kronen bilden ein dichtes Dach. Wie ein **Kirchengewölbe** aus Ästen und Blättern. Die Musik hangelt sich leise am Bast zwischen Baum und Borke entlang. Mit düsteren Noten.

„Stopp!"

Vor uns biegt sich die Wurzel eines Baumes nach oben. Meter für Meter reißt sie sich selbst aus dem Waldboden. Schwarze Erdklumpen bleiben an ihr hängen. Sogar die Reste toter Tiere, die halb verrottet sind. Als die Wurzel sich fertig aufgerichtet hat, öffnen sich in ihr zwei Augen. Mit einem fiesen Geräusch. Als hätte sie Jahrhunderte geschlafen und die Augenlider wären so verklebt, dass alles aufreißt. Die Wurzel sieht uns wortlos an. Was jetzt? Ein Rätsel? Eine Frage? Was will sie?

Auf dem Schreibtisch neben mir vibriert mein Handy. Ich zucke zusammen. Es ist eine Nachricht von Wirrbart. „Warte auf mich, bin gleich zu Hause und logge mich ein! Wahrscheinlich treffen wir auf eine **Wutwurzel**." Er schreibt weiter: „Oder bist du etwa schon drin???"

Ich tippe: „Öhm ... ehrlich gesagt, ja."

Wirrbart antwortet: „Sei vorsichtig! Wenn du in dem Wald Schaden nimmst, verlierst du bereits verdiente **Trophäen**. Unwiderruflich! Wie ganz früher, in den alten Games, wo man nach dem Tod neu anfangen musste!"

Scheiße. Was schreibt der da? Das Handylicht brennt in den Augen. Nebenan im Büro stößt mein Vater einen Fluch aus. Ich höre ihn die Treppe runterstapfen. Auf meinem großen Bildschirm wird die Musik lauter. Trommeln kommen dazu. Große Pauken. Samra hat angefangen, ungefragt mit seinem Nagelbesen vor der Wurzel herumzufuchteln. Zur Musik gesellt sich jetzt ein Rauschen. Ein Kreischen. Ein Knirschen. Ich starre auf das Geschehen.

„Warte auf mich!", tippt Wirrbart im Handy. Zu spät.

Die Wutwurzel zittert wie eine aufgerichtete **Klapper-schlange**. In einer Zehntelsekunde schießen Hunderte kleinerer Triebe aus ihr heraus. Gelblich und fein, scharf und spitz an den Enden. Die Grafik ist unglaublich. Samra blafft. Die Wurzel faucht.

„Die Aufgabe in diesem Wald besteht darin, immer so zu handeln, dass alle sanftmütig bleiben." Diese Wurzel ist nicht mehr sanftmütig. Sie ist stinksauer. Ich versuche, Samra zu bremsen. Doch vergebens. Er schlägt nach der Wurzel. Sie schlägt nach ihm.

„Ruhig, ganz ruhig!", rufe ich, als könnte die Wurzel mich verstehen. Was mache ich jetzt? Angreifen bringt ja nichts. Einen Moment überlege ich, der Wurzel meine **Heilmittel** zu geben. Aber die kann ich nur bei mir anwenden.

Wie soll man einen Gegner überwinden, den man nicht bekämp-fen darf? Mit jedem Schlag von Samra wachsen der Wurzel mehr kleine Wurzelpeitschen. Ein paar davon verbinden sich zu einem

Ballen und knocken Samra aus. Jetzt wendet sich die Wurzel mir zu. Die Augen glühen.

Ich werfe mich auf den Boden. Also nicht auf den Wald-boden, sondern auf den unter dem Schreibtisch. Dort sam-meln sich Krümel rund um die **Steckerleiste**.

Wäre der Teppich ein Meer und die Steckerleiste eine Insel, dann wären die Krümel der Strand aus Geröll. Angespült über die Jahre. Hinabgerieselt von Brötchen, Pizzas, Burgern und Chips. Sehr vielen Chips.

Ich muss mein Zimmer selber saugen. Ich sauge nie unter dem Schreibtisch. Einen Moment zögere ich. Einfach so den Stecker ziehen, das kann nach hinten losgehen. Festplatte kaputt. Betriebssystem im Arsch. Das Spiel steckt in der **Cloud**. Es bleibt intakt, während ich meine Figur rette.

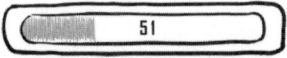

Ich ziehe den Stecker. Die Musik verstummt. Das Fauchen der Wurzel endet. Mein Zimmer ist stockdunkel, bis auf das Handy-Licht. Ich muss husten, vom Staub und den Krümeln. Keuchend klettere ich wieder hinauf.

Wirrbart schreibt: „Bin jetzt drin. Wo bist du?" Sprachnachrichten schickt er nie. Ich habe nichts gegen sie, aber das muss jeder selber wissen. Manche quatschen gern, manche senden nur Bilder und wieder andere haben Daumen, die so schnell tippen wie Kolibri-Flügel. Ich schalte den Rechner wieder ein.

Der Computer sucht nach Fehlern.

Er rattert und ächzt. Als kullerten kleine Kiesel durch den Ventilator. Oder als wären sie schon zu Sand zermahlen worden und hätten den Weg in das Innere gefunden.

Ich schreibe: „War gerade dabei, die Wutwurzel zu besiegen. Hättest du sehen sollen! Habe voll die **Combos** hingelegt. Es hätte nicht mehr lang gedauert, dann wäre die Wurzel zu Boden gegangen. Also in den Boden zurück, du weißt, was ich meine."

Wirrbart schreibt: „Und dann?"

Ich tippe: „**Ahnma!** Stromausfall! Meine Mutter? Staubsauger. Mein Vater? Hochdruckreiniger."

Wirrbart antwortet: „Diese Vollpfosten!"

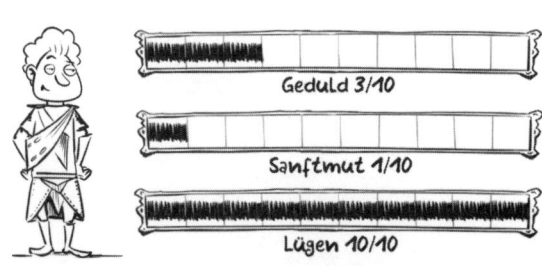

Geduld 3/10

Sanftmut 1/10

Lügen 10/10

DIE BRIEFE
#BRIEFGEHEIMNIS

Ich habe mich mit Wirrbart für später verabredet. Der Staub unterm Tisch hat mich durstig gemacht. Das **Inventory** für Nahrung im echten Haus ist der Kühlschrank. Über die glatt lackierten Holzstufen mit den weichen Kanten stapfe ich nach unten. Im Wohnzimmer streiten sich meine Eltern.

„Wieso räumst du jetzt diese Schublade auf?", schimpft mein Vater.

„Wer ist Alfonso Amico?", fragt meine Mutter. Sie hält einen dicken Packen Briefe in der Hand. Echte Briefe, mit der Hand beschriftet. Das Papier wirkt alt.

Papa bemerkt mich in der Tür. „Ben, du weißt doch so was. Seit wann haben wir diese Schublade nicht mehr geöffnet?"

Mein Vater kennt meine Spezialfähigkeiten.

Ich sage: „Seit sieben Jahren."

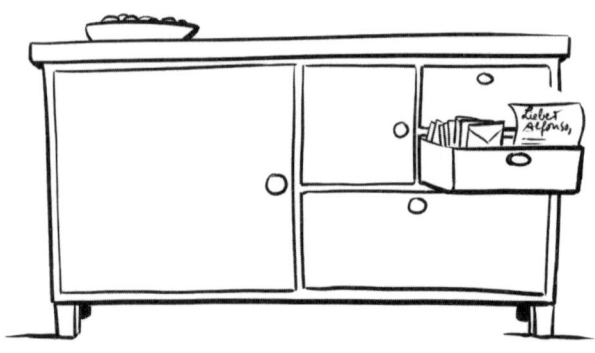

„Aha!", sagt Papa. „Und dabei kannst du es nicht belassen, Thea?"

Meine Mutter macht schmale Lippen. Sie wendet sich wieder an ihr Publikum.

„Tja!", sagt sie. „So ist das eben. Da wird man noch fürs Aufräumen getadelt. Während die Männer im Haus am Computer sitzen."

„Ich arbeite!", sagt mein Vater.

„Ich lerne!", lüge ich.

„Und ich sorge dafür, dass Ordnung herrscht, wenn ganz bald *deine* Mutter zu Besuch kommt, Tobias!"

Die Mutter meines Papas ist Oma Ingrid. Das stimmt schon,

die macht sogar Schubladen auf. Sie macht Schubladen auf und fährt mit dem Finger über die Oberseiten von Schränken. Ob **Staub** drauf ist.

„Meine Mutter kommt in sechs Wochen, Thea! In sechs Wochen! Sie prüft ja nicht bei jedem Besuch alle Schubladen. Außerdem kennt sie Alfonso."

„Ach, deine Mutter kennt Briefe, die ich als deine Frau nicht kennen darf? Gut, dass ich das jetzt weiß!"

Meine Mutter verschränkt die Arme. Zu ihrem Publikum sagt sie: „Mein Mann hat Geheimnisse vor mir. Und er findet das offenbar normal."

Eltern, die sich zu oft streiten, erzeugen bei ihren Kindern Störungen.

„Also wundert euch nicht über meine Noten."

Sie ignorieren es.

„Das ist altes Zeug", sagt mein Vater. „Alles vor unserer Zeit."

„Und deswegen darf ich's nicht wissen?", blafft meine Mutter. „Ich habe dir von all meinen Freunden vor dir erzählt. Von Thomas. Von Kai. Von Martin. Sogar von Sander!"

„O ja, Sander!", sagt mein Vater. Er schnauft dabei ein wenig. „Der Mann, der keinen Vornamen hat."

Meine Mutter wiegt die Briefe in ihren Händen. „Und Alfonso, das ist doch außerdem ein Männername! Wieso hast du früher einem Mann Liebesbriefe geschrieben?"

„Wer sagt denn, dass das Liebesbriefe sind? Und selbst wenn ... gehe ich an deine Tagebücher?"

„Die liegen ja auch nicht gestopft in der **Kommode** herum!"

„Ja, entschuldige mal, dass ich in meinem Haus auch mal ein paar Schubladen für mich allein nutze."

„Aha, *dein* Haus? Nicht *unser* Haus? Das wird ja immer besser!"

Ich denke an den Knüllwald und die Wutwurzel. Ich sage: „Das Wichtigste ist, dass wir nun alle sanftmütig bleiben!"

Einhellig und synchron sagen meine Eltern: „Klappe!"

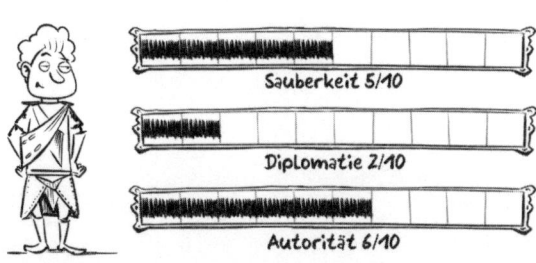

Sauberkeit 5/10

Diplomatie 2/10

Autorität 6/10

DIE FINGERHÄGEL
#MANIKÜRE

Am nächsten Tag stehe ich mit Emma am Zaun des Schulhofes.
Die Sonne scheint. Eine sanfte Brise weht die Folien von Schoko-
riegeln über das Pflaster.

„Dein Video mit den Stiften neulich, das war super."

Emma lächelt. „Du findest es nicht zu lang?"

„Von mir aus hätte es noch eine halbe Stunde so weitergehen können."

Jetzt lächelt sie nicht nur. Jetzt strahlt sie sogar. Ihr Kanal
Emmas Eyecatcher hat bloß ein Zehntel der Follower, die Fadi
aufweisen kann.

Das tut mir leid für sie. Fadi sagt immer, das liegt daran, dass
alle Mädchen „Beauty und Deko machen". Aber ich finde, Emma
macht es anders. Sie testet auch in aller Ruhe Sachen und das
macht sie auf eine Weise, bei der ich stundenlang zugucken
könnte.

Andere Mädchen wollen mit ihren Videos sagen: „Guck, wie
schön *ich* bin!" Wenn Emma einen Lipgloss vorstellt oder
einfach nur mit dem neuesten **Gelstift** auf Papier zeichnet,
sagt sie eigentlich: „Guckt, wie schön *das* ist!" Das ist ein
Riesenunterschied.

"Warte mal", sagt Emma. Sie zückt ihr Telefon und hält es in den Himmel. Aber nicht für ein **Selfie**. Ich schaue nach oben. Durch den blauen Himmel wandern weiche Wolken. Klumpen aus Zuckerwatte. "Toller Hund, oder?", sagt Emma. "Fast ein weißer Wolf!"

Emma erkennt Figuren in den Wolken. Wie jeder normale Mensch. Außer mir. Ich sehe das einfach nicht. Ätzend. "Ja, wow!", sage ich und tue so, als ob ich den Riesenwolf über uns bewundere. Kim pickt Müll, weil sie dabei neulich Amara gefilmt hat. Jetzt macht Amara heimlich ein Video von Kim.

„Du solltest dich mit deinem Kanal sponsern lassen", sage ich, um davon abzulenken, dass ich nur weiße Klumpen sehe.

„Nein, das bleibt alles echt", sagt Emma.

Unsere Schule liegt auf einem Hügel. Ein Pfad aus Kopfsteinpflaster führt hinauf. Gegenüber wachsen riesige **Rhododendronbüsche**. Emma friemelt eine leere Wasserflasche aus ihrem Rucksack. Sie deutet damit über den Zaun. Ah, da kommt der komische Kauz. Keiner weiß, wie er heißt. Er ist dünn wie ein **Weberknecht**. Der schmale Schnurrbart steht weit über die Mundwinkel ab. Er lebt vom Flaschenpfand und kommt fast jeden Tag vorbei.

„Danke." Er nimmt Emmas Flasche entgegen. Seine Handgelenke sind so schmal, er könnte Dichtungsringe von Waschbeckenrohren als Armbänder tragen. „Habt ihr schon das Neueste aus dem Köhlerviertel gehört?"

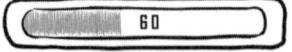

Jedes Mal erzählt er was davon. Der komische Kauz ist wie eine wandelnde Zeitung. Er sammelt sein **Leergut** überall in der Stadt. Auch in den Gegenden, in die wir keinen Fuß setzen. Die wir niemals ohne Not betreten würden. Und wie wir von ihm hören, aus gutem Grund.

„Ich habe euch doch schon mal erzählt von den zwei **Gangs**. Die, vor denen sogar die Polizei Angst hat." Wir nicken. Meine Eltern haben das auch schon gehört. Vor allem von Nachbar Heinz. Wenn er rüberkommt, erzählt er entweder von den Verbrechen, die „die da oben" begehen. Also Politiker und reiche Leute. Oder von dem, was im Norden der Stadt passiert. Der komische Kauz beugt sich über den Zaun. „Der Boss von einer dieser Gangs hat einen Hund. Und diesem Hund hat einer von der anderen Gang was angetan. Stellt euch das vor!"

„Wer macht denn so was?", fragt Emma.

„Mit einem Hund", sage ich und frage mich, ob der Wolfshund aus Wolken über uns noch da oder schon verflogen ist.

„Genau", sagt der Kauz. Sein langes **Oberlippenbärtchen** zappelt im Wind. Er erzählt weiter: „Der Typ findet heraus, wer das war. Er lässt den Mann entführen und dann ..."

Der Kauz verzieht das Gesicht. Als hätte er plötzlich gleichzeitig eine Zitrone, bittere Medizin und Kaffeepulver im Mund.

„Was?", frage ich. „Was hat er mit dem Hundequäler gemacht?"

Der Mann schüttelt den Kopf. „Nein, das ist zu eklig. Das kann man nicht erzählen."

„Jetzt sag schon!", quengele ich. Der Kauz schaut in die Ferne. Er würgt. Als müsse er gleich kotzen, bloß weil er es innerlich noch mal vor sich sieht.

„Also", sagt er. Er winkt wieder ab. Steckt die Flasche in seine riesige Tasche. Stützt sich auf den Zaun. „Die haben dem Typen die **Fingernägel** gezogen und dann vor seinen Augen genüsslich verspeist!"

„Bah!", fällt es mir aus dem Mund. „Das ist ja widerlich!"

Emma verzieht ebenfalls das Gesicht. Sie wirkt aber auch skeptisch. „Das macht doch keiner! Vielleicht würden die den Typen seine eigenen Nägel schlucken lassen. Aber ihm die Nägel ziehen und dann selber essen? In einem Comic höchstens! In echt holt man sich doch Krankheiten davon!"

„Nein", ruft der Kauz, „wahre Geschichte! Frag jeden, den du in dem Viertel triffst. Wenn du dich hintraust."

„Wow", sage ich.

„Wie, wow?", fragt Emma. „Findest du das auch noch gut?"

„Nein, aber... also, das ist so krass wie die Folterszene in **Grand Theft Auto V**. Im Grunde noch krasser."

„Ja", sagt der Kauz. „Und das passiert in unserer Stadt. Nur ein paar Kilometer in diese Richtung."

Er zeigt über die Büsche hinweg Richtung Norden. Der Rhododendron blüht. In Weiß und in Knallrosa. Im Köhlerviertel gibt es sicher keine so schönen Pflanzen. Nur ein paar welke **Buchsbäume** in alten Betonkübeln mit Graffiti drauf.

Emma lässt die Daumen über ihr Handy sausen. „Das sind **Fake News**", sagt sie. „Ich kann es ja nicht mal im Netz finden."

Der Kauz lacht. „Natürlich findest du das nicht in den Nachrichten."

„Wieso natürlich?", fragt Emma.

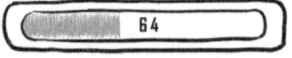

„Weil die nicht wollen, dass unsere Stadt so schlimm da-
steht. Ein bisschen was über Drogenhandel oder Gewalt. Das
bringen sie. Sie können ja nicht so tun, als wäre das Köhlerviertel ein Ferienpark. Aber Nägel reißen und mampfen?
Das vertuschen sie! Das ist zu brutal.

Und wie steht denn die Polizei da, wenn rauskommt, dass sie
so was zulässt? Aber ich, ich bin da gewesen. Ich laufe da rum.
Und ich sage euch: Was immer ihr aus euch macht - lasst
niemals zu, dass ihr in einer solchen Gegend leben müsst!"

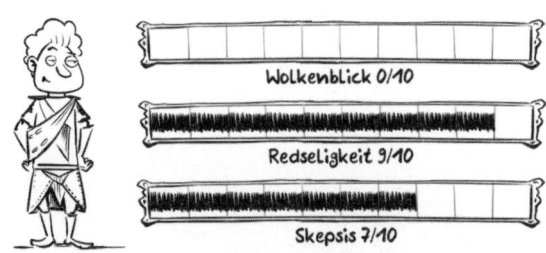

Wolkenblick 0/10

Redseligkeit 9/10

Skepsis 7/10

DIE LEDERTASCHE
#AUSGEBEULT

Das Bild der ausgerissenen Nägel schwirrt mir immer noch im Kopf herum. Erfunden? Echt? Fest steht – der wirkliche **Horror** ist jetzt dran. Der Horror, den ich mit eigenen Augen sehe. Fast jeden Tag. **Mathe**! Frau Gneis kommt zwei Minuten zu spät. Trotzdem haben alle schon freiwillig ihr Telefon ins Ruheregal gesteckt. Die Tasche von Frau Gneis beult sich dick aus. Die Arbeiten sind darin, fertig benotet. Fadi guckt entspannt auf das alte Leder. Er hat sicherlich wie immer eine Zwei. Bei mir sorgt die Tasche für Herzrasen.

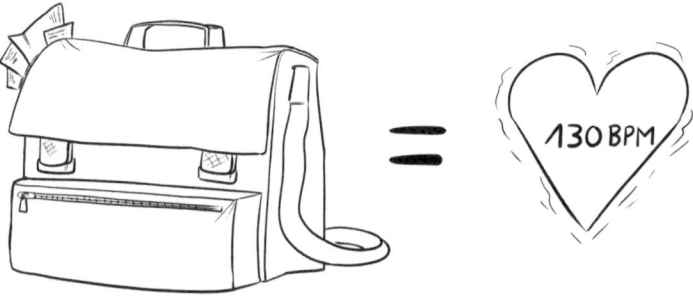

Frau Gneis verschränkt die Finger und knackt mit den Knochen. Sie atmet einmal tief aus und ein. Lässt den Blick schweifen. Ihren Blick der ehemaligen Soldatin. Bei Djamila bleibt sie mit den Augen hängen.

Frau Gneis geht zu ihr, streckt die Hand aus und lässt die Finger schnappen. Kopfschüttelnd klatscht ihr Djamila das kleine weiße Zweithandy in die Hand.

„Ich nehme an, du hast damit nach einem Praktikum für den Girl's Day gesucht?" Djamila jammert: „Boah! Sie haben doch gestern erst gefragt!"

„Bis Ende der Woche, Djamila. Sonst Unkraut jäten. Leonie, gleichfalls. Und Manuel – Kaugummis gehören in Taschentücher, nicht unter den Tisch!" Manuel erstarrt wie in **Zeitlupe**. Er wird rot, nimmt einen Fetzen Papier und kratzt seinen Kaugummi wieder ab.

Frau Gneis geht nach vorn. Sie klopft auf ihre Tasche. „Ich weiß, ihr wollt alle wissen, wie die Arbeiten hier drin ausgefallen sind. Bevor ich sie aber verteile, möchte ich euch allen sagen, was mir beim Korrigieren aufgefallen ist." Sie legt die Hände ineinander. Lässt sie wieder los.

In meiner Fantasie sehe ich sie mit dem Gewehr über der Schulter. Die staubigen Berge von Afghanistan im Hintergrund. Langsam verwandelt sie sich in einen **Videospielsoldaten**. Die Berge werden Grafiken. Musik setzt ein.

Frau Gneis sagt: „Keiner von euch hätte hier schlechter abschneiden müssen als Vier. Keiner! Alle, die drunterliegen, haben Fehler gemacht, die mir zeigen: Ihr könnt das im Prinzip, habt aber ständig alles mögliche andere im Kopf." Sie seufzt und verteilt die Hefte.

Nach und nach schlagen alle ihres auf. Kim schüttelt den Kopf. Amara stößt frische Schimpfworte aus. Emma nickt zufrieden und streicht eine Seite glatt. Fadi neben ihr hat eine Zwei, wie erwartet.

Als Frau Gneis mir mein Heft hinlegt, beugt sie sich runter und sagt so leise, dass es außer meinem besten Freund keiner hören kann: „Bitte komm mit deinen Eltern Freitagnachmittag zu mir in die **Sprechstunde**. Das kann nicht bis zum nächsten regulären Sprechtag warten."

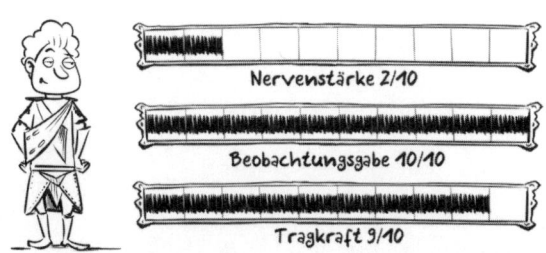

Nervenstärke 2/10

Beobachtungsgabe 10/10

Tragkraft 9/10

DER FEHLWURF
#PLATZVERSAGER

Ich hätte nie gedacht, dass ich das mal sage, aber: Endlich ist es wieder Montag. Das Wochenende war Hölle! In der Sprechstunde am Freitag hat Frau Gneis meinen Eltern gesagt: „Frau und Herr Siegert, mit diesen Noten muss Ben die Klasse wiederholen. Das zweite Mal." Das erste Mal vor zwei Jahren, das haben wir alle schön verdrängt. Niemand spricht über diese Schande. Bleibe ich aber so schlecht, meinte Frau Gneis, wäre es „das Beste für ihn", auf die **Gesamtschule** zu wechseln. Also für mich. Sie sagte aber „für ihn". Zu meinen Eltern. Während ich danebensaß.

„Die Gesamtschule liegt im Köhlerviertel!", klage ich. Seit fünf Minuten erzähle ich Fadi und Emma von meinem möglichen Schicksal. Hinter uns werfen Manuel und ein paar andere Jungs Körbe. Die Kette des Basketballnetzes klimpert.

„Frau Gneis meinte, auf der Gesamtschule könnte ich in Ruhe meine Schwächen aufarbeiten", berichte ich. „Und die Köhlerschule sei besser als ihr Ruf." Fadi macht große Augen. Ich empöre mich: „Besser als ihr Ruf? Die ziehen da Fingernägel!"

Das ganze Wochenende hat mein Vater versucht, mir Nachhilfe in Mathe zu geben. Aber ich kapiere es einfach nicht. Quadratische Funktionen. **Polynomdivision**. Parabeln stauchen und strecken. Mein Vater sagt, das sei doch „alles logisch".

Tja, logisch ist für mich, dass man das sprechende Labyrinth in **Exploria** nur mithilfe eines Vielzungenzünglers überwinden kann, den man sich durch das Anheuern auf dem alten Luftschiff verdient, mit dem man in die Innenwelt abtaucht. Für die meisten ist das unlogisch. Ich weiß aber immer irgendwie genau, wie die Macher sich das gedacht haben.

Die Typen sind angeblich aus Südkorea und Kalifornien. Es soll auch eine Russin dabei sein. Und ein Tadschike. Keiner weiß es genau. Die Kalifornier waren früher bei der NSA, so heißt es. Einer der Südkoreaner war Profispieler in **League Of Legends**. **Exploria** könnte man nicht als E-Sport betreiben. Dafür begreifen es zu wenige. Für mich ist es, als wäre ich schon immer dort gewesen. Ich schaue Fadi und Emma an und sage: „Ich will hier nicht weg." Emma legt süß den Kopf schief. Hinter mir pocht der Basketball auf den Asphalt. Pock. Pock.

„Na, ihr Lauchstangen?", sagt Manuel. Er ist derjenige, der den Ball dribbelt. „Mal einen Wurf riskieren?"

Emma sagt: „Wir haben hier was zu besprechen."

Manuel grinst verächtlich. „Ach, komm. Unser Meistersportler hier traut sich bloß nicht." Er meint mich.

Ich stehe auf. Kann jetzt nicht kneifen. Alle gucken. Das ist egal. Aber Emma guckt eben auch. Amara filmt. Was sonst? Ich sage: „Gib her!" Manuel reicht mir die alte Kugel. Sie ist prall aufgepumpt, fühlt sich aber so an, als könne sie jeden Moment in tausend Stücke zerspringen.

Ich gehe rüber zum Korb und stelle mich an die Dreipunkte-linie. Sie ist auf dem Hof eingezeichnet. Viel von der Farbe ist verblasst, aber man kann sie noch sehen. Am Himmel beob-achten mich Wolkenklumpen. Ich konzentriere mich auf den Ring mit dem Korb aus Ketten. Irgendwas außerhalb von **Exploria** muss doch mal klappen. Ich atme tief ein und aus. **Alt F7**. Einmal. Zweimal. Dann werfe ich. Der Ball trifft nicht nur nicht den Korb. Er fliegt allen Ernstes so weit links daran vorbei, dass er nur die Kante vom Brett trifft.

Manuel lacht sich schlapp. Ein paar Leute applaudieren. Sogar die Kleinen an der Rundlaufplatte kichern. Am liebsten würde ich im Boden versinken. In **Exploria** geht das, mit dem Underworld-Zauber. In **Exploria** geht so vieles. Und hier, in der Scheißrealität, da geht nichts! Manuel holt den Ball wieder. Die anderen setzen ihr Spiel fort. Amara senkt ihr Telefon und tippt. Das gibt das nächste Video über mich. Emma will zu ihr gehen. Ich hebe die Hand. „Lass sie machen. Videos kann niemand mehr verhindern. Außer wir schalten das **Internet** ab."

Frustriert reiße ich einen Zweig aus dem Gebüsch. Auf dem Boden unter dem Gestrüpp liegt frischer Müll. Zertretene Kakaopäckchen. Eine pfandfreie Orangensaftflasche. Eine leere Tüte **Match Attax**.

Ich zerbreche den Zweig mehrfach. Auf dem Hof der Köhlerschule hört man dieses Geräusch sicher auch – weil sie dort Knochen brechen. Knack. Knack. Da wird einer wie ich nicht bloß beim Versagen gefilmt. Da geht's ans Eingemachte. Und Manuel hat ja recht: Ich bin ein Lauch.

„Komm schon", sagt Emma. „Ärger dich nicht. Ist doch so ein schöner Tag." Sie zeigt in den Himmel. „Heute sind sogar Marienkäfer unterwegs. Und ein Drache."

Ihre Augen glänzen vor Begeisterung. Wie in ihren Videos. **Emmas Eyecatcher** hat für mich eine doppelte Bedeutung. Klar meint sie damit die Sachen, die sie vorstellt. Aber mich nehmen ihre Augen gefangen. Trotzdem rege ich mich auf. Ich kann nicht anders. Ich beobachte mich selbst dabei, wie ich aufspringe und schimpfe: „Ich sehe da nichts in euren dämlichen Wolken!" Ich werfe Emma und Fadi die Zweigteile vor die Füße und gehe.

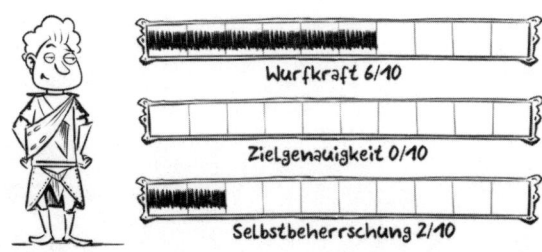

Wurfkraft 6/10

Zielgenauigkeit 0/10

Selbstbeherrschung 2/10

DER DONUT
#ZUCKERMATHE

Ich bin daheim. Also klar, in unserem Haus in meinem Zimmer, aber das meine ich nicht. Ich meine die Welt, in der ich wirklich daheim bin. Auf dem Monitor erscheint der Titelbildschirm. Er sieht jedes Mal anders aus. Heute gleiten Vierflügel-Kormorane sanft über einen der Ozeane. Seit sechs Wochen ist **Exploria** online. Bevor es erschienen ist, gab es keine Werbung. Das ist ungewöhnlich. Jeder Rapper macht wochenlang seine Promo-Phase. Kein neuer **Mutanten-Film** kommt ins Kino, ohne dass drei Monate vorher ein Trailer auftaucht.

Aber dieses Spiel ... es war einfach plötzlich da. Eine gigantische Welt. Die größte, die jemals programmiert worden ist. Als würde man morgens aus dem Fenster schauen und hinter dem Gartenzaun hat sich ein neuer Kontinent aufgetan.

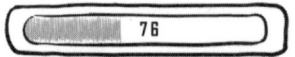

Ich logge mich ein und stehe wieder vor dem Rand des Knüllwalds. Wirrbart ist online, aber nicht da. Ich öffne das Dialogfenster. Er meldet sich.

„Wo bist du?", frage ich.

„Am **Teich der tausend Tode**. Habe heute nicht mit dir
gerechnet."

Ich frage mich, warum nicht, aber mache mich auf den Weg.
Zu Fuß. Ich habe keinen **Teleportationspunkt** am Teich. Aber
das ist okay. Es tut mir gut zu laufen. Zu rennen. Quer über
die Felder. Unter dem bevölkerten dritten Mond.

Ein **Zerrzünsler** stürzt sich aus einem Baum auf mich, doch
ich zerteile ihn mit einem Hieb. Sogar zwei **Krustenkröten** von
der Größe kleiner Autos verwandelt meine Klinge in Matsch. Das
dauert allerdings länger. Die Viecher tragen nicht umsonst das
Wort ‚Kruste' in ihrem Namen. Es gibt Schwerter in **Exploria**,
die man sich aus einem Erz schmieden lassen kann, das man nur
im Gebiet hinter dem Knüllwald findet. Sagt man. Sie würden
auch die Kruste der Kröten in einem Hieb zerteilen. Mir hilft
dabei meine Wut. Ich muss nur an Mathe denken, dann bringe
ich alles und jeden um. Das Blut tropft noch von der Klinge,
als ich den Teich erreiche.

„Ist da jemand sauer?", fragt Wirrbart.

„Was machst du hier?", schimpfe ich. „Wir haben den Riesen am Knüllwald doch nicht umsonst besiegt!"

„Der kommt nicht wieder, egal wann wir hingehen. Bei anderen, die ihn noch nicht besiegt haben, schon."

Ich zocke **Exploria** so oft. Aber der Junge, der Wirrbart spielt, muss Tag und Nacht darin sein. So viel, wie er weiß. Ich schaue über die riesige Wasserfläche. Teich ist eine absurde Untertreibung. **Binnenmeer** trifft es besser.

Wirrbart liebt es, einfach nur hier zu stehen und zuzuschauen, was auf dem See geschieht. Darauf zu lauschen, wann sich im Wasser etwas regt. Wann es zu plätschern, zu blubbern, zu sprudeln beginnt. Hält man Abstand, passiert einem nichts. In der Dämmerung schießen die **Streckzungen** aus dem Wasser und fischen Vögel aus dem Himmel. So, wie Echsen es üblicherweise mit Insekten machen.

Nur dass die Streckzungen so riesig wie Wale sind. Sie werden aber von noch größeren Tieren gefressen, die in dem dunklen Wasser lauern. Man sagt sich, der Teich der tausend Tode sei so tief wie ein Ozean.

Immer wieder fahren Spieler in gepanzerten Kriegsbooten auf den See. Sie versuchen, eines der unzähligen Ungeheuer aus der Tiefe zu besiegen. Es ist noch keinem gelungen. Einmal stieg eine Mischung aus Krake und Riesenmotte auf. Tentakel und Flügel gleichzeitig! So groß, dass halbe Dörfer daraufpassen würden. Gänsehaut.

Wirrbart greift in seinen **Beutel des Barrion**. Ein unendlich großes Inventar, aber von außen so klein wie ein Münzsäckchen. Er zieht zwei Flaschen **Honigmet** heraus und reicht mir eine.

„Was ist denn los?", fragt er. „Neulich gehst du ohne mich in den Knüllwald. Jetzt tropft da eine Krustenkröte von deiner Klinge."

„Woran erkennst du, dass das Krustenkröte ist?"

„Gelbstich im Blut."

Ich zucke mit den Schultern. Also in meinem Zimmer. Dann sage ich „Weiß nicht" ins **Headset** – und meine Figur zieht nun auch die Schultern hoch! Offenbar haben die Programmierer die Worte mit der Geste verknüpft. Das ist alles so unglaublich.

„Natürlich weißt du es", brummt Wirrbart. Golden glitzernd tropft Met von seinem **Schnauzer**. „Es ist nämlich so: Man weiß immer, was mit einem los ist. Man traut sich nur nicht, es vor den anderen offen zuzugeben. Oder vor sich selbst."

Ich trinke und schaue auf den See. Ein Segelboot wippt in der Ferne auf den Wellen. Ganz friedlich. Bis eine Streckzunge es in den Abgrund zieht. Ein bisschen Kräuseln. Weg.

„So geht's mir auch bald", sage ich. „Ich werde in die Tiefe gezogen. In das Dunkel."

„Wie?"

„Ja, mein Gott, ich verkacke die Schule. Mathe und Erdkunde. Dann muss ich auf eine andere. Wo ich keinen kenne.
Wo nur Gangster leben."

Wirrbart kaut nachdenklich auf seiner Unterlippe herum. Ein
Pelikanodon fliegt über uns hinweg. Eine Mischung aus Pelikan
und Flugsaurier. Eines von vielen friedlichen Tieren in dieser
Welt, die einfach nur so vor sich hin leben.

Wirrbart fragt: „Weißt du noch, der **Unendlichkeits-
Donut?**"

Ich muss lächeln. Ich kann gar nicht anders.

Das war eine tolle Szene im Spiel. In der **Stadt der Alten**, die ein bisschen wie das antike Griechenland aussieht. Ein Rätsel, wie es nur Wirrbart lösen konnte. Es ging so: Nehmen wir an, die ganze Welt wäre eine quadratische Fläche, aber trotzdem unendlich. Geht man rechts aus der Fläche raus, kommt man links wieder rein. Das Gleiche mit oben und unten. Wie in so ganz alten Spielen, die nur ein Bild als Spielfläche haben.

Die Frage ist jetzt: Wie sähe eine Welt aus, in der das so wäre? Die Antwort: Man müsste die Ränder miteinander verkleben.

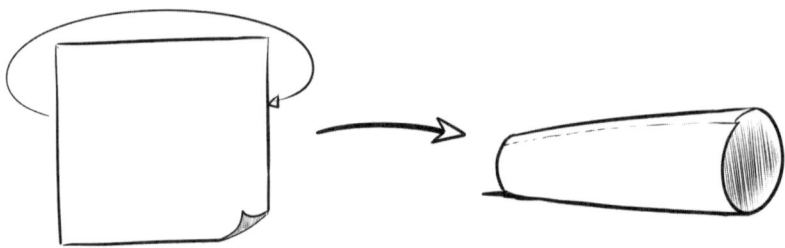

Was passiert, wenn man das macht? Man bekommt im ersten Schritt ein Rohr. Wie eine Klopapierrolle. Und im zweiten ... einen Donut. „War das cool, dieses Rätsel?", fragt Wirrbart.

Ich sage „Ja" ins Headset. Meine Figur nickt.

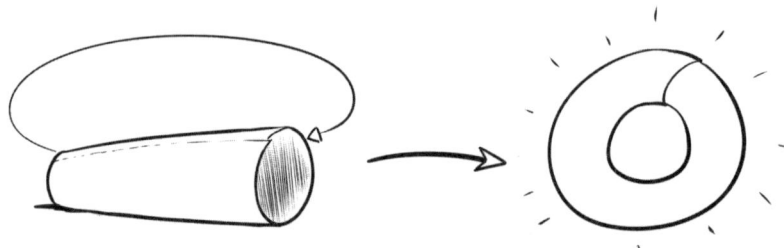

„Das war reine Mathematik", sagt Wirrbart. „**Topologie**. Die Lehre davon, in was man ein Objekt alles verformen kann, ohne es zu zerstören."

„Hm."

Wirrbart sagt: „Stellst du dir noch abends im Bett vor, was in **Exploria** wo genau liegt?"

Ich nicke.

Wirrbart dreht sich zu mir. Sein Umhang raschelt. Eine Windböe kräuselt das Wasser.

Der Magier sagt: „Und jetzt nimm diese Gefühle, pack sie ein ... und dann packst du sie wieder aus, wenn du Mathe machst. Oder Erdkunde. Oder sonst was, das normal nicht klappt. Das ist das wahre Geheimnis des Lebens. Es gibt für alles ein spezielles Gefühl."

Ich sage: „Wie wenn man etwas riecht, und die Ferien von damals, als man sechs war, sind wieder da?"

„Genau so", sagt Wirrbart. „Man muss es einfach tun. Sich erlauben. Man darf es nicht albern finden. Du kannst die echte Welt zu deinem **Exploria** machen, wenn du es gerade brauchst."

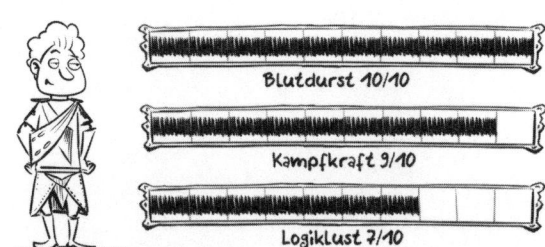

Blutdurst 10/10

Kampfkraft 9/10

Logiklust 7/10

DIE WOLKEN
#ICHKANNSEHEN

Mitten in der Nacht wache ich auf. Ich habe von Wirrbart geträumt und unserem Gespräch am Teich der tausend Tode. Ich schaue auf die Uhr. Halb fünf. Der Mond steht hell am Nachthimmel. Ohne Leute auf dem Kopf, aber mit Bergen, Tälern und Kratern. Ich stehe auf und schleiche ins Wohnzimmer. Meine Mutter hat den alten Atlas wieder zusammengeflickt. Mit **Panzerband**. Ich ziehe das schwere Teil aus dem Regal und setze mich damit auf die Couch. Unsere Welt. Die echte. Eine riesige Open Map.

Buffy springt zu mir aufs Sofa. Legt sich schnurrend neben mich. Ich schlage die Karten auf und fange an, die Orte von **Exploria** auf den Globus zu übertragen. Ein Berg für jeden Berg. Ein Wald für jeden Wald. Ein See für jeden See.

Je mehr ich ans Spiel denke, desto stärker beginnen diese Seiten, sich mit Leben zu füllen. Streckzungen schießen aus dem Aralsee. Pelikanodone gleiten über den Sankt-Lorenz-Golf in den Atlantik. Im **Schwarzwald** erheben sich wütende Wurzeln aus dem Boden.

Den Knüllwald haben die Designer übrigens wirklich dem deutschen Schwarzwald nachempfunden. Angeblich haben sie ihn genauso groß gemacht. 10.062 Hektar. Das stand in einem Interview, das sie gegeben haben. Diese Freaks sprechen nur selten mit der Presse. Und immer ein anderer. Es stand versteckt in so einem Nerd-Blog, der aus alter Computerschrift besteht. Gelbe Schrift auf grünem Grund. Ich habe das noch nie so betrachtet, mit den Landkarten. Fast ist es, als ob sie sich auf dem müffeligen Papier zu bewegen begännen.

In den kommenden Tagen kann ich gar nicht aufhören, **Exploria** auf die Welt zu übertragen. Ich mache das nachts. So, wie man sich seinen Eltern gegenüber nie verteidigen darf, gilt auch: Zeig nicht, dass du freiwillig fleißig bist! Dann erwarten sie mehr!

Nach einer Woche ist es wieder so weit. Frau Gneis lässt in Erdkunde die Karte runter. Emma fragt mich, wieso ich so müde aussehe. Djamila und Leonie pulen sich Dreck unter den Nägeln hervor. Sie jäten seit Montag Unkraut, weil sie sich kein Praktikum für den Girl's Day besorgt haben.

Frau Gneis lässt ihren Blick über die Schüler schweifen. Das ist sicher der Moment, in dem sie sich vorstellt, ein Jurymitglied in einer Castingshow zu sein. Deutschland sucht den Superschüler. Ich kann die Musik schon hören, wie sie Spannung erzeugen soll, während Frau Gneis guckt. Er bleibt an mir kleben. „Ben?" Sie fragt mehr, als dass sie befiehlt.

Ich stehe auf.

„Jetzt kommt der lebendige Kompass", lästert Manuel.

„Halt die Fresse!", zischt Emma.

Mir wird warm im Bauch, weil sie mich verteidigt. Und das, obwohl ich neulich so ätzend zu ihr war. Wegen der Wolken. Manuels Video von meinem Sturz hat mittlerweile achtundzwanzig **Likes**. Amaras Video, wie ich den Basketball an die Kante des Bretts werfe, steht bei zwölf.

Ich trete an die Karte heran. Frau Gneis nennt die ersten Orte.
Mein Kopf ruft die Bilder auf, die ich mit ihnen verknüpft habe.
Dieses Mal finde ich die Pyrenäen auf Anhieb, denn jetzt sind sie
kein Gebirge in Spanien mehr. Jetzt sind sie das Gebirge, das auf
der Karte von **Exploria** die Gebiete der singenden Täler von der
heulenden Steppe trennt.

Nach der Stunde ziehen alle ihre Handys aus dem Ruheregal.
Es bimmelt und tönt, als die Geräte die Nachrichten einsaugen,
die sich angesammelt haben.

„Das war super", sagt Emma. Fadi klopft mir auf die Schulter. „Hast du gesehen, was Manuel für eine Fresse gezogen hat?"

Frau Gneis sagt: „Ben. Meinen Glückwunsch. Was hat sich geändert?"

Ich antworte: „Ein sehr guter Freund hat mir einen tollen Tipp fürs Lernen gegeben." Sie runzelt die Stirn. Eigentlich kennt sie all meine Freunde. „Na, dann ..."

Auf dem Weg nach draußen kriecht eine Melodie über das Treppengeländer. Das Holz wirkt wie eine lange Wurzel, die sich durch die ganze Schule zieht. Eine friedliche.

Wir sind draußen. Mücken tanzen über den Büschen. Ich frage mich, wo unsere Schule in **Exploria** liegen würde.

„Was macht ihr heute noch?", fragt Fadi.

„Ich drehe", sagt Emma.

Fadi nickt. „Ich will auch bald wieder. Bin da an einem Hammer-Ort dran. Kommt ihr mit? So blind, auf Spannung?"

„Klar!", sagt Emma.

„Ben, du auch?"

„Hm? Ja. Jaja, ich komm mit."

Fadi runzelt die Stirn. „Schlaf mal wieder mehr, Alter."

Auf dem Heimweg wird mir klar, wo in **Exploria** unsere Schule
liegen würde. Ich bin nach vorne getreten, an die Landkarte.
Vor allen, vor Manuel — und ich habe jeden Ort richtig er-
kannt. Es war, als käme das erste Mal im Leben alles logisch
zusammen. Als verwandle sich mein Gehirn. Ein irre gutes
Gefühl. Ich trete in die Pedale und nehme eine Abkürzung
über ein Stück Wiese. Grashüpfer springen zur Seite. Zwei
Zedernspinnen huschen in die Brennnesseln. Am Himmel
schwebt eine riesige Streckzunge.

Moment mal! Ich greife in die Bremsen. So doll, dass ich fast vorne über den Lenker fliege. Eine Streckzunge? Ich schaue genauer hin und kann es kaum glauben. In den Wolken über mir sehe ich das große Wasserwesen aus dem Teich der tausend Tode. Aus Wolken gebildet. Noch nie habe ich in den weißen Wasseransammlungen am Himmel irgendetwas gesehen. Nicht einmal als Kind, am Strand, in den Ferien. Meine Mutter hat sich damals Sorgen gemacht deswegen. Doch jetzt sehe ich was! Jetzt spüre ich, wie das ist!

Ich mache ein Foto der Wolke und sende es an Emma. „Guck mal! Ein Wesen aus **Exploria**. Eine Streckzunge. Mischung aus Wal und Wasserechse!" Sie sendet ein erstauntes Gesicht zurück. „Du siehst also doch was in den dämlichen Wolken?"

Ich schicke einen Daumen nach oben. Sie sendet mir ein Foto von den Wolken, die dort schweben, wo sie gerade ist. „Und? Was siehst du hier?"

Ich überlege kurz. Nach zwei Sekunden erkenne ich was. Ich tippe: „Einen Dackel!" Sie sendet Lachtränchen und drei Daumen nach oben.

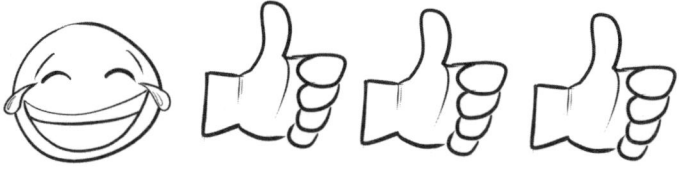

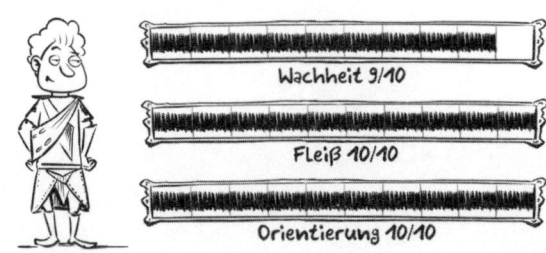

Wachheit 9/10

Fleiß 10/10

Orientierung 10/10

DIE MAUER
#GESCHWÄTZ

Als ich in unser Wohnviertel einbiege, weiß ich, was ich zu Hause probieren möchte.

„Keine Köhlerschule!", rufe ich und stoße die Tür vom Büro meines Vaters auf.

Er zuckt zusammen und flucht. Zeigt auf den Monitor. „Ben, jetzt ist mir der **Code** verrutscht!"

Auf der Treppe hatte es sich so angehört, als wären aus Papas Boxen bis eben noch Geräusche gekommen. Schwertrasseln. Fauchen. Das Knistern von Flammen.

„Ich will's noch mal versuchen!", sage ich. „Mit Mathe."

Mein Vater lugt neben seinem großen Monitor hervor.

Öhm. Wer sind Sie? Und was haben Sie mit meinem Sohn gemacht?

Wenig später sitzen wir auf der Terrasse, den Tisch voller Papiere. Die Löwenzähne in der Wiese flüstern miteinander. Am Horizont sehe ich die Vierflügel-Kormorane ziehen. In der **Thuja** neben mir kraxelt ein Weberknecht über die weichen grünen Blätter. Mein Vater schreibt einen **Term** auf.

Ich schaue auf die Zahlen und Zeichen. Schließe die Augen. Rieche den Duft der Thuja. Ich stelle mir vor, wie ich im Spiel bin und mit Wirrbart in die Stadt der Alten gehe. Zwischen die Tempel mit den Säulen. Auf die Plätze, wo die Gelehrten in Sandalen schlendern.

Ich rufe das Gefühl auf, das ich dort hatte, als dieser eine Alte uns das Quadrat hinhielt und fragte, wie man daraus eine Unendlichkeit macht. Wie das Quadrat zum Donut wurde. Wie mich das **geflasht** hat.

Wie ich sogar davon geträumt habe, die Erde wäre keine Kugel, sondern ein Donut. Wie ich das erste Mal begriffen habe, dass unendlich nicht bedeutet, dass etwas niemals endet. Sondern dass man irgendwann einmal ganz rum ist. Ich öffne die Augen. Werfe das Gefühl aufs Papier. Aber trotzdem ... nichts.

Ich sehe rein gar nichts. Mir fällt kein Schritt ein, den ich anwenden könnte. Kein Werkzeug. Schnell ziehen Wolken über die alte Stadt. Schatten verdunkeln den Platz.

Ein Donner zieht auf. Die Gelehrten flüchten in die Tempel und schließen ihre Türen. Ich bleibe allein auf dem Platz. Ohne Wärme. Ohne Freude. Ohne Ideen. Von allen guten Geistern verlassen. Nicht mal die Thujen duften mehr. Dieses scheiß Karopapier!

„Was wendet man hier an?", fragt mein Vater. „Komm, du weißt das."

Ich setze den Stift an. Nehme ihn wieder vom Papier. Wie ekelig sich das anfühlt! Wie eine undurchdringliche Mauer. Ich komme einfach nicht ran.

„Soll ich den Anfang hinschreiben?", fragt mein Vater.

Ich zucke mit den Schultern.

Mein Vater sagt: „Es beginnt mit x."

Ich werfe die Hände hoch. „Wieso???"

„Na, weil ... man löst das mit den ... komm, du kennst sie. Ben. Die **binomischen Formeln?**"

Ich stehe auf und stapfe durch den Garten. Trete die arroganten Löwenzähne platt. Diese Plappermäuler. Die lästern doch auch über mich. Die würden Videos von meinem Versagen drehen. Wie Manuel. Wenn sie könnten.

„Das klappt nicht!", heule ich fast.

„Weil du dich nicht genug anstrengst", sagt mein Vater.

„Du weißt doch gar nicht, wie sehr ich mich anstrenge! Ich sehe schon Pelikanodone am Himmel. So sehr strenge ich mich an!"

„Du siehst was?"

„Ach, nichts."

„Ben, müssen wir uns Sorgen machen? Wenn du irgendwelche Probleme hast, über die du nicht reden möchtest - du kannst uns alles sagen."

„Ich sitze eines Tages auf der Straße und lebe von Wurstresten in Pommesschalen."

„Ben, sag doch nicht so was!"

Unser Nachbar steht an unserem Gartenzaun, die Daumen in den Gürtelschlaufen.

„Jetzt nicht, Heinz!", sagt mein Vater.

„Der Maulwurf ist noch da", sage ich, „denn mein Vater strengt sich einfach nicht genug an!"

„Ben Siegert!", sagt mein Vater. „Nicht so!"

„Oh, da hängt der Haussegen schief", sagt Heinz.

Ich schüttele den Kopf und renne rein in mein Zimmer.

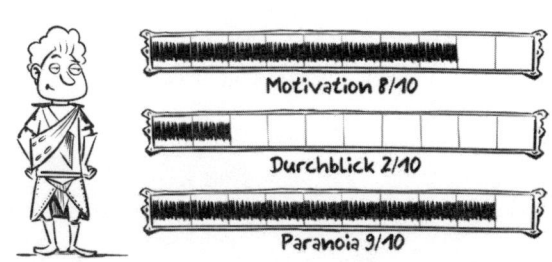

Motivation 8/10

Durchblick 2/10

Paranoia 9/10

DER BLAUSTURZ
#SCHALTERDERERKENNTNIS

„Knüllwald, jetzt!" Ich hacke die Worte in das Dialogfenster. Wirrbart ist online.

„Bis gleich", schreibt er. Er wartet auf mich am Waldrand. Der Ohrwurm-Riese ist nicht zu sehen.

„Komm, lass uns da reingehen!", sage ich.

„Nicht, wenn du so sauer bist", sagt Wirrbart. „Du weißt doch, die Wesen dadrin überwindet man nur mit Sanftmut!"

Ich fluche: „Scheiß auf Sanftmut! Der Mist funktioniert nicht. In Erdkunde, ja. Da schon. Aber in Mathe? Totaler **Blackout**. Jedes Mal. Mein Gehirn und diese Art zu denken – das geht einfach nicht zusammen!"

Meine Mutter reißt die Tür auf. Ohne zu klopfen. Ich fluche: „Geht's noch? Privatleben!" Meine Mutter sagt: „Ja, das sehe ich. Das ist der wahre Grund, wieso deine Noten so schlecht sind." Ich werde kurzatmig. Wirrbart hört über das Mikro alles mit.

„Was ist das mit diesem **Exploria**?", sagt meine Mutter. „Ich habe Tests gelesen und kein Wort begriffen. Nur eines wurde mir klar: Dieses Spiel raubt euch die Zeit. Und den Verstand. Bei den Spielen von früher gab's noch klare Aufgaben. Aber hier? Worum geht es darin überhaupt?"

Ich könnte ausrasten. Wie kann meine Mutter diese Welt angreifen? Wo das meiste **Geld** im Haus aus der Erstellung von Software kommt?

Dann knalle ich die Tür zu und schließe ab. Ich setze das Headset wieder auf. Wirrbart sieht mich geduldig an. Seine Augen sind ähnlich goldgelb wie der Honigmet.

„Eltern", sagt er.

„Ja ...", seufze ich.

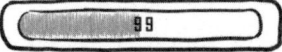

„Komm mit", sagt er. „Ich zeig dir was." Er ruft die Karte auf mit all den Teleportationspunkten, die er sich schon erspielt hat.

Ich könnte viele davon nur zu Fuß erreichen. Er darf mich mitnehmen. Wir landen in einem Gebiet, das ich noch nie gesehen habe. Eine abgefahrene Natur. Mit seinem mannshohen Stab schiebt Wirrbart die Farne beiseite. Vor uns liegt ein sumpfiger See. Das Wasser schimmert giftgrün. Mittendrin stehen ein paar gerade Bäume. Sie wachsen aus dem Wasser heraus und öffnen erst in zwanzig Metern Höhe ihre Krone. „Wow", sage ich. „Wie oft bist du ohne mich im Spiel?"

„Wahrscheinlich zu oft", sagt Wirrbart.
Im grünen Wasser steigen Luftblasen auf. Könnte man **Exploria** auch noch riechen, hier wäre es eine Mischung aus faulig, furzig und frisch. „Wie alt bist du?", frage ich.

„Weißt du doch", lacht er. „Zweihundertfünfzig."

Er hebt seinen Stab und zeigt in die Krone eines Baumes, der aus dem Wasser wächst.

Ich schaue hinauf. Raschelnd werden ein paar Blätter beiseitegeschoben. Das Bild zoomt heran. Wie bei einer **Cut Scene**, auf die man keinen Einfluss nehmen kann.

Auf dem Ast erscheint ein Tier, das selbst für Emmas Geschmack zu süß wäre. Eine Mischung aus Vogel und Meerschweinchen. Sein Fell ist blau. Das Schnäuzchen schimmert silbrig weiß. Das Kleine wankt zum Ende des Astes. Es fiept. Guckt ängstlich nach unten. Nach hinten. Nach oben. In der Krone erscheinen weitere blaue Köpfchen. Seine Artgenossen.

Das Tierchen fiept erneut. Plustert sich auf. An den Flanken schieben sich die Spitzen von Flügeln durch das Fell. Die anderen Tiere im Baum beginnen einen seltsamen Gesang.

Schließlich stürzt sich das Kleine vom Ast.

Der blaue **Fellvogel** rast auf das Wasser zu. Neun Meter. Acht Meter. Sieben Meter. Die Flügel, die ihm unterm Fell gewachsen sind, schieben sich etwas hervor. Ein bisschen Flugwind greift darunter. Aber der reicht nicht! Der reicht doch niemals!

Er muss flattern. Mit den Flügeln schlagen. Er versucht es auch, aber es sieht jämmerlich aus. Im grünen Wasser blubbert es derweil wieder. Vier Meter. Drei Meter. Der Gesang im Baum wird zum Gekreisch. Da stößt aus dem Tümpel eine Echse hervor, öffnet ihr zahnreiches Maul und schnappt das süße Ding aus der Luft.

Die Cut Scene endet. Unsere Menüs erscheinen wieder. Ich hämmere auf Maus und Tasten, aber das Tümpelviech ist längst wieder abgetaucht.

„Was war das denn für eine Scheiße?!", brülle ich.

Wirrbart antwortet, aufreizend ruhig: „Das war ein **Sumpfschnapper**, der einen **Blausturz** gefressen hat."

„Ja, aber ... wieso???"

„Weil er es nicht geschafft hat, beim ersten Flug seines Lebens die Flügel auszufahren."

Ich kann gar nicht sagen, wie sehr mich das aufregt. Wo ich überhaupt anfangen soll. Das Spiel scheint meine Empörung zu bemerken. Meine Figur läuft ohne mein Zutun aufgewühlt vor Wirrbart im Kreis herum.

Wieso ist das eine Cut Scene?
Wieso können wir da
nicht eingreifen?

„Und was machen?"

„Den Vogel fangen? Oder diesem, diesem ...?"

„Er heißt Sumpfschnapper."

„Ja, diesem Sumpfschnapper die Birne wegschießen?"

„Weil dieses kleine Paradies hier im natürlichen Gleichgewicht ist. Es fallen immer genug Blaustürze runter, damit die Sumpfschnapper zu essen haben. Es fliegen immer genug los, damit ihre **Population** überlebt."

Ich schüttele den Kopf. Immer noch aufgebracht. Natürliches Gleichgewicht am Arsch! Man hat als Echsenvieh keine süßen blauen Fellvögel zu fressen!

„Und wieso zeigst du mir das?"

Wirrbart deutet auf den Ast. „Guck wieder hin."

Der nächste Blausturz tritt seinen ersten Flugversuch an. Was für ein Leben! Entweder gelingt der Start oder man ist Echsenfutter. Der Kleine jetzt wirkt allerdings anders als der vorhin. Viel zielstrebiger. Zuversichtlicher.

Er stapft zum Ende des Astes, als sei ihm ganz egal, wie viele im Baum zugucken. Ob sie singen oder nicht. Er neigt sich nach links, nach rechts. Schiebt seine Federspitzen raus. Springt, fällt zwei Meter und fährt - flapp! - seine Flügel aus. Der Wind greift drunter, der Sumpfschnapper schnappt tropfend ins Leere.

Triumphal fliegt der Blausturz über den Sumpfsee hinweg davon, in den Himmel von **Exploria** hinein. Seine Sippe im Baum tobt und applaudiert. Die Musik lässt das ganze **Orchester** scheppern.

„So", sagt Wirrbart, als die Szene zu Ende ist. „Was hat dieser Blausturz anders gemacht?"

„Mein Vater würde sagen, er hat mehr geübt", antworte ich.

„Die üben alle gleich viel", sagt Wirrbart. „Innerhalb des Baums. Springen von Ast zu Ast. Trainieren ihre Flügel. Zehntausend Hüpfer macht jeder Blausturz vor dem ersten Flug."

„Jeder Hüpfer wird ein wenig riskanter. Sie beginnen ganz harmlos. Die ersten Sprünge sind eher so wie für uns Treppensteigen. Aber auch die müssen sein. Irgendwann fliegen sie kopfüber quer durch den ganzen Baum."

Ich stelle es mir vor, diesen Flug. Mit Vollgas durch das Astgeflecht. So wie Luke Skywalker damals mit Vollgas durch die Schluchten des Todessterns.

Das Sumpfwasser plätschert leise. Der Schnapper schlürft als Trostpreis eine Libelle aus der Luft. Wirrbart sagt: „Nach dem Üben. Nach dem Trainieren. Nach dem Lernen. Wenn eigentlich alles da ist ... dann sind die, die erfolgreich fliegen, fest davon überzeugt, dass sie es können. Und die, die abstürzen, die haben immer noch Zweifel. Das ist der Punkt. Dieser Schalter in dir drin. Umgelegt von ‚Ich kann das nicht‘ auf ‚Ich kann das‘. Wenn der nicht umgelegt ist, war das ganze **Training** umsonst. Dann kommst du nicht an deine Fähigkeiten ran.“

Ich schaue wieder hoch zum Baum. Sanft wiegen sich die Blätter. Von den Blaustürzen ist nichts mehr zu sehen.

„Bei Erdkunde hast du fest geglaubt, dass du Orte finden kannst, wenn du etwas mit ihnen verbindest.

Du hast **Exploria** damit verbunden und es hat geklappt. Bei Mathe glaubst du fest daran, dass du es nie können wirst. Und solange das so bleibt, versagen die Flügel."

Ich lasse mich darauf ein, was Wirrbart sagt. „Aber wenn ich davon ausgehe, dass ich fliegen werde ..."

„... dann findest du deine Flügel unterm Fell wieder."

Obwohl ich endlich wissen will, was uns weiter im Knüllwald erwartet, logge ich mich aus. Ich logge mich aus und mache das Undenkbare - ich versuche mich alleine an Mathe. Alle Aufgaben der letzten Zeit hole ich mir hoch auf den Baum. Ich will der Blausturz sein, der fliegt. Ich will zumindest wissen, ob da was dran ist, an dem Hebel. Ob sich wirklich etwas ändert, wenn ich ganz fest davon ausgehe, dass ich die Flügel ausfahren kann. So wie neulich an der Landkarte. Oder bei den Figuren aus Wolken.

Was soll ich sagen? Bis Mitternacht ist es zum Kotzen. Das alte, gewohnte, demütigende Brett vorm Kopf. Aber ... etwas ist jetzt anders. Sonst, wenn mein Vater danebensitzt oder meine Mutter oder sogar Fadi, der das alles kann, dann ... okay, ich gebe es zu: Dann mache ich nur wegen denen weiter. Wegen den singenden und schnatternden Vögeln im Baum. Nicht wegen mir. Nicht, um etwas zu verstehen oder zu bezwingen. Nur, um den anderen zu zeigen: Guck, wie ich darunter leide.

Aber jetzt bin ich ganz für mich. Meine nackten Füße stoßen an die Krümel vor der Steckerleiste unter dem Schreibtisch. Ich lege den Hebel um auf „Ich kann das". Als ersten Schritt. Vor allen anderen.

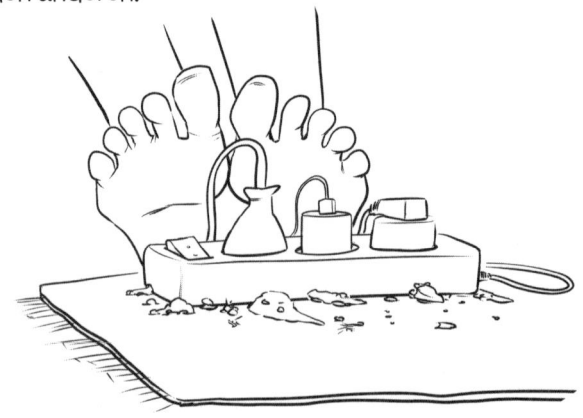

Das führt dazu, dass mein Gehirn sich fragt: Was genau verstehe ich da eigentlich nicht? Wo kann ich was nachschauen? Welche Strategie hilft mir weiter? Dabei schwirren Libellen um

mich herum. Die Luft riecht nach grasiger Frische. Ich glaube, ich höre auch das Orchester. **Exploria** dringt in meinen lernenden Kopf ein. Aber was soll's?

Es ist drei Uhr nachts, als ich es geschafft habe. Ich habe die Aufgaben bezwungen, an denen ich immer gescheitert bin. Alle. Mein Schädel qualmt. Ich habe alte Notizen gefunden, von mir selbst, die mir ganz fremd vorkamen. Ich habe nach Videos gesucht, in denen junge Typen mir alles noch mal erklären. Das ist was anderes als Papa oder Fadi. Die Videomacher quatschen mich nicht voll. Sie erklären einfach immer wieder alles geduldig von vorne. Weil ich den **Timer** zurückschiebe. Und irgendwann, da war es da. Wie ein Gelenk, das einrastet.

Ich lege die Sachen beiseite und schalte den Rechner aus. Das Zimmer stinkt. Es ist warm. Ich öffne das Fenster. Draußen zirpen ein paar Grillen im Gras. Im Handy schaue ich das neueste Video von Emma nach. Zur Belohnung. Sie hat ja wieder gedreht.

„Es wirkt so dünn, als könnte man gar nichts damit machen", sagt sie. „Aber schaut her." Das Video handelt von **Origami-Papier**. Seelenruhig faltet sie die quietschbunten Bögen zu kleinen Tieren.

Während sie faltet, flüstert sie. Ich stecke beide Kopfhörer in meine Ohren. Ihr Mikrofon ist der Wahnsinn. Es könnte eine Mücke vier Gärten weiter aufzeichnen. Für den **Faltfilm** hat sie ihre Nägel blau lackiert.

Gebannt folge ich ihren Fingerkuppen, wie sie am Papier entlangstreichen. Wie sie den Falz glatt machen. Ich möchte diese Finger in meinen halten, denke ich mir. Ich möchte diese Stimme ohne Handy flüstern hören. Ihre Lippen an meinem Ohr. Das habe ich so klar noch nie gefühlt. Ich fliege. Am Nachthimmel stehen die drei Monde.

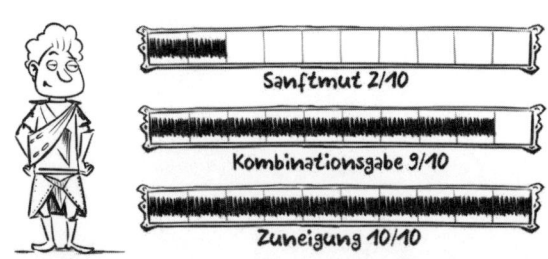

Sanftmut 2/10

Kombinationsgabe 9/10

Zuneigung 10/10

DAS UPGRADE
#DERHERRDERRINGETEILZWEI

Ich habe gerade erst ein paar Minuten geschlafen, als etwas
kratzt. An der Tür. Oder am Fenster.

"Buffy", maule ich und drehe mich tiefer in die Kissen.
"Nicht jetzt." Unsere Katze bettelt häufig mitten in der
Nacht. Sie will essen. Sie will spielen. Sie will schmusen. Sie will,
dass man ihr am Waschbecken ganz leicht das Wasser
anmacht. Buffy bleibt hartnäckig. Stupst an meine Zehen.
Ich wedele mit dem Fuß. Sie faucht. Jetzt zieht sie an
meinem Bein. Moment ... wie macht sie das? Sie hat doch
keine Hand!

Ich öffne die Augen.

Ein Schrei löst sich in meiner Kehle und bleibt in meinem Mund hängen. Im silbernen Mondlicht kriecht die Wurzel durch mein Fenster. Ihre feinen, langen Ausläufer fressen sich über die Wand und suchen Halt auf meinem Schreibtisch. Mit einem fiesen Geräusch reißt die Tapete auf.

Einer der feinen Stränge schlingt sich um meinen Fuß. Die Wurzel drückt mir das Blut ab. Jetzt erscheinen auch ihre Augen. Feuerrot heben sie sich über die Fensterbank.

Ich versuche, meinen Fuß zu befreien. Die Wurzel zieht fester zu. Überall macht ihr feines **Geflecht** Meter. An allen Wänden. An der Decke. Am Boden. Was sie zu fassen kriegt, quetscht sie zusammen. Im schwarzen Kunststoff meines Monitors ploppen Risse auf.

Dann bricht er und die Elektronik steht hervor wie das Innere eines **Cyborgs**. Ich schreie wie am Spieß, aber bin auf lautlos gestellt. Als die feuchten, würgenden Wurzelstränge mich bis zur Brust umhüllen, wache ich auf.

Man könnte ja meinen, dass so eine kurze Nacht mit Alb-traum einem den Tag versaut. Nicht bei mir. Als ich in der Schule ankomme, bin ich richtig gut drauf.

„Das letzte Hobby, was ich jemals anfangen würde, ist Ori-gami", sage ich zu Emma, die mit Fadi vor der Turnhalle steht. Dann mache ich eine halbe Sekunde Pause und füge hinzu: „Bis ich dein neues Video gesehen habe." Sie strahlt. „Gucken, liken, loben", sage ich zu Fadi und schlüpfe hinein. Die Unterrichts-einheit **Geräteturnen** geht weiter. Aber heute ist alles anders. Ich habe immer noch den Hebel umgelegt.

Alles ist aufgebaut. Manuel schleicht an mir vorbei. Er zeigt mir sein Handy, das er unters T-Shirt gesteckt hat. Er grinst böse. Der Jagdvogel freut sich auf frische Beute. Fadi rempelt ihn an. Das Gerät fällt auf den Hallenboden.

Der Löffler guckt gequält. Am liebsten würde er so tun, als hätte er es nicht gesehen. Er weiß, er muss sich jetzt durchsetzen. Aber der Löffler und durchsetzen, das ist wie Laufspinnen und stehen bleiben. Es liegt einfach nicht in seiner Natur.

„Nein, wartet mal alle!", sage ich. Der Löffler horcht auf. Alle meine Mitschüler schauen mich an. Die Ringe hängen reglos über der Matte.

„Der Manuel", sage ich, „der dreht jetzt Herr der Ringe, Teil zwei." Manuel guckt in die Runde, als sei ich verrückt geworden. Wie viele Kommentare will ich denn noch? Laut den Kommentaren bei Teil eins bin ich ja schon **Spast**, **Kek** und **Schande**. Zaghaft greift Manuel nach seinem Telefon. Wie verwirrt sie alle gucken! Wie sich die Welt verwandelt, weil ich den Schalter umgelegt habe!

Ich stelle mich an die Ringe. „Kamera bereit?" Manuel nickt, blödsinnig grinsend. Er macht mich nicht mehr nervös. Aber Emma, die schon ein bisschen. Was, wenn ich hier so auf den Putz haue und mich dann vor ihr blamiere?

Nein!

Das klappt!

Der Sumpfschnapper Manuel wird heute leer ausgehen!

Ich hole tief Luft und springe an die Ringe. Ich habe nicht trainiert. Ich habe nicht geübt. Nicht mal Videos habe ich gesehen.

Meine Hände umgreifen das Holz ... und alles fällt mir wieder ein wie von selbst. Weil ich beschlossen habe, dass ich das schaffe, spanne ich die **Bauchmuskeln** an. Weil ich beschlossen habe, dass ich das schaffe, finde ich den richtigen Schwung.

Weil ich beschlossen habe, dass ich das schaffe, bewegen sich alle Teile meines Körpers so, wie wir's gelernt haben. Der Blausturz fliegt. Ich komme mit beiden Füßen wieder auf der Matte auf. Spanne mich erneut an. Balanciere mich aus. Grinse in Manuels Telefonkamera.

Emma fängt als Erste an zu klatschen. Dann machen alle mit. Herr Löffler stoppt einen der Ringe, der noch weit ausschwingt. Er sieht mich an, als wolle er sagen: „Woher hast du denn so schnell das **Upgrade** bekommen?"

Ich gehe zu Manuel, stelle mich vor ihn, schaue ihm tief in die Augen und sage: „Lass Teil eins meinetwegen im Netz. Aber wenn Teil zwei nicht morgen direkt darüber steht, mach ich dich fertig."

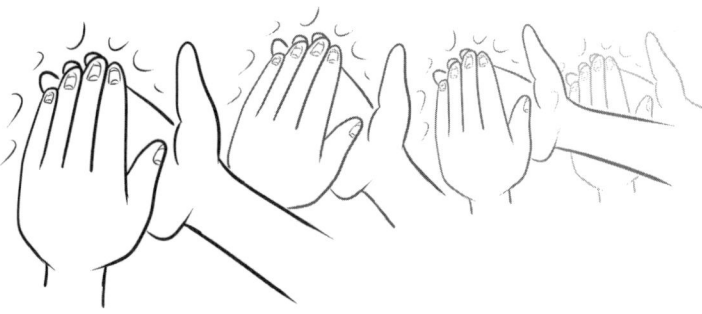

Er funkelt mich an. Ich kann sehen, wie es in seinem Hirn rattert. Wie sein Prozessor eine gute Antwort sucht. Doch er findet keine.

„Das war Wahnsinn!" Fadi tanzt über den Schulhof und feiert meine Show in der Turnhalle. „Woher kannst du das auf einmal mit der Rolle rückwärts an den Ringen?"

„**Betriebsgeheimnis**", sage ich.

Die Fünfer rasen um die runde Tischtennisplatte herum.

Manuel lehnt lustlos an der Wand und rotzt auf den Boden. Amara macht Duckface-Selfies. Ein paar Neuner werfen Körbe.

„Was?", fragt Fadi. Er spürt, dass ich was vorhabe. Ich gehe zu den Neunern und frage: „Kann ich mal den Ball?"

Der Leitwolf der Neuner mustert mich skeptisch. Früher hätte er mich ausgelacht. Jetzt merkt er, dass sich meine Werte für Selbstbewusstsein erhöht haben. Er zieht die Augenbraue hoch und reicht mir die orange, genoppte Kugel.

Ich gehe zur Dreipunktelinie und winke Manuel und Amara. „Handys raus und aufnehmen!"

Manuel stößt sich von der Wand ab. „Wirst du jetzt ganz irre, oder was?" Amara hebt schon ihr Smartphone. Kim winkt weitere Schüler herbei. Emma und Fadi schauen voller Sorgen. Als würde ich nun tatsächlich übertreiben.

Ich hebe den Ball und ziele anders als sonst. Nicht mit dem Gefühl, auf einem Schulhof einen Korb anzupeilen. Eher so, als wäre alles um mich herum eine Grafik. Im Hintergrund höre ich die Melodie aus **Exploria**, die immer gespielt wird, wenn man zu einem Minigame antritt. Ich werfe.

Der Ball prallt mittig gegen das Brett und von dort in den Korb. Die Ketten rasseln. Emma und Fadi jubeln.

Manuel sagt: „Reines Glück! Mach noch mal!" Er ist sich sicher, dass das nicht erneut klappt. Ich lasse mir von dem Neuner den Ball rüberrollen. Ziele. Werfe. Dieses Mal berührt er nicht einmal das Brett. Wie Butter flutscht er direkt durch die Ketten.

Manuel tobt. „Das darf doch nicht wahr sein, du **Hoden-kobold**. Willst du mich verarschen? Hast du das immer schon gekonnt und nur so getan, als wärst du ein **Vollhorst**?“

„Das packt ihr auch alle auf **YouTube**“, sage ich und werfe noch ein paar Körbe, während ich antworte. Alle treffen. „Das kommt alles zu den anderen Videos.“ Amara lässt die Daumen tanzen. Manuel schüttelt den Kopf und geht weg. Mit jedem Schritt steigt ein Fluch über ihm auf. Am Fenster des Lehrerzimmers steht Frau Gneis mit einer Tasse in der Hand und beobachtet die Szenerie.

Emma und Fadi sehen mich ungläubig an. Aber nicht ungläubig wie Manuel oder Amara. Bei ihnen herrscht volle **Gönnung**.

„Seid ihr schon aufgeregt, wo wir heute hinfahren?“, fragt Fadi. Richtig. Heute ist der Tag, an dem er uns mitnehmen will.

„Der alte Bahnhof mit den zwei Gleisen?", fragt Emma.

Fadi schüttelt den Kopf.

„Der **Baumarkt** am Kreisverkehr, der seit fünf Jahren leer steht?", frage ich.

Fadi sagt: „Nein. Aber geile Idee." Er notiert es sich in sein Handy.

Emma schnippt mit den Fingern. „An der Autobahn, hinter dem **Bowlingcenter**, da steht diese Ruine, die mal ein Rasthof war. So, noch komplett. Mit der alten Kinderrutsche davor. Ich kriege da immer eine Gänsehaut."

Fadi sagt: „Die kommt im Herbst dran, wenn es schön gruselig grau und neblig ist."

„Dann raus mit der Sprache", sage ich.

Fadi grinst:

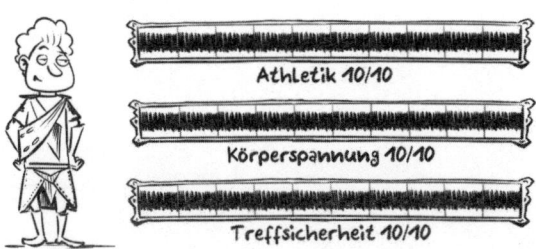

DER FLUR
#WEGINSGRAUEN

Nach der Schule folgen wir Fadi. Zügig fährt er vor. Unsere Gegend zieht vorüber. Alte Mietshäuser mit diesen schweren Haustüren aus Holz und **Blindglas**. Die Fahrschule. Der Blumenladen. Der kleine Park mit den Rampen für die Skater, auf denen nie einer skatet. Lieber sitzen sie darauf herum, lassen die Beine baumeln und rotzen runter auf den Platz. Der kleine Stadtwald. Das Wohnviertel mit den vielen Solarzellen auf den Dächern. Statt hoher Hecken stellen sie hier **Gitterboxen** auf und füllen sie mit großen Steinen. Hinter einer rennt kläffend ein Hund entlang, während wir vorbeifahren.

„Heute gibt's noch was Besonderes!", ruft Fadi. Er lässt sich etwas zurückfallen. „Wo wir heute gemeinsam reingehen – das nehme ich nicht auf und schneide es später. Nein. Das wird mein erster **Livestream**!

Ich habe das gestern Abend auf all meinen Kanälen angekündigt. Heute Nachmittag gehe ich live. Mal gucken, wie viele sich zuschalten. Erst daran erkennt man die wirkliche Zahl seiner Fans. Es kann natürlich auch schiefgehen und gar nicht so krass werden, wie man denkt. Wenn ..."

„Stopp!"

Ich trete in die Bremse. Fadi reißt den Lenker herum. Emma fährt noch ein Stückchen weiter und dreht dann um. Sie schiebt ihr Rad zu uns. „Was ist denn los?"

Ich zeige die Straße hinab. In ein paar Metern kommt eine Brücke, unter der wir hindurchfahren müssten. Von den Mauern der Unterführung schälen sich Plakate ab. Wie die gammelige Haut von Wasserleichen. **Tags** aus Sprühdosen kleben am schmutzigen **Waschbeton**.

Irgendwelche Kürzel, die man kaum lesen kann. Es riecht nach Urin und nach Abgasen, die sich in jeder **Ritze** verfangen haben.

„Wir können da nicht durchfahren", hauche ich.

„Wieso nicht?", fragt Emma.

Fadi begreift, was ich meine. Er schlägt seine Hand vor den Kopf. „Oh, Scheiße. Da beginnt das Köhlerviertel."

Fadi schaut in seinem Handy nach. „Unser Ziel liegt nicht in dem Viertel. Aber der Weg führt quer dadurch. Ansonsten müssten wir weit außenrum fahren. Und zwar ..." Fadi lässt die Daumen über das Display jagen. „Zwei Kilometer zurück, dann im Osten über die Eisenbahnbrücke."

Emma hebt die Hände. „Jungs, kommt schon! Euer Ernst?"

Ich zeige nach vorn. „Selbst das Licht ist auf der anderen Seite anders."

Emma legt den Kopf schief. „Könnten die Geschichten darüber, wie gefährlich es dort ist, vielleicht übertrieben sein?"

Fadi schiebt sein Rad zur Seite. Er räuspert sich, damit wir es auch machen.

Zwei junge Männer kommen aus der Unterführung gelaufen. Bewohner des Viertels. Der größere trägt eine Trainingshose und dazu ein weißes Unterhemd mit Goldkette. Der kleine kippt sich einen billigen **Energy Drink** in den Schädel.

Mein Vater sagt immer, das Zeug trinken nur Leute, die mit ihrer Energie nichts Sinnvolles anzufangen wissen.

Der Kleine zerknüllt die Dose, wirft sie gegen die Wand der Unterführung und zieht direkt eine neue aus der Tasche.

„Der hatte nicht den Hauch einer Chance. Hat das Maul viel zu weit aufgerissen", sagt der eine. „Er hat ihn geschlagen wie einen Hund. Die mussten einen Notarzt holen, Alter."

Ich zittere. Hier beginnt sie. Eine Welt aus Blut und Gewalt. Wo nur der Stärkere **regiert**. Wo man das Maul für immer geschlossen kriegt, wenn man es zu weit aufreißt. Die Unterführung bildet das **Portal**. Die Graffiti an den Wänden verwandeln sich in dornige Schlingpflanzen. In kletternde Wutwurzeln. Mit jedem Schritt, den die beiden sich uns nähern, verwandeln auch sie sich. Ihre Haut wird ledern und schorfig. Die Augen glühen dämonisch rot. Die Dose in der Hand ist nun ein schief geschmiedeter Dolch.

Dunkel grollt die Stimme des Dolchträgers: „Man muss halt gut überlegen, mit wem man sich anlegt." Auf der anderen Seite des Tunnels ziehen sich Wolken zusammen. Die Häuser rechts und links der Straße biegen sich einander zu.

Am Horizont zwischen ihnen sehe ich ein dunkles Gewässer. Blitze zucken darüber. Ein großer Mann trägt einen anderen zum Ufer. Er zappelt und schreit. Gleich wird er Streckzungenfutter. Emma tippt mir auf die Schulter und sagt: „Sie sind weg." Fadi schaut weiter in den Tunnel.

Okay. Und wo genau geht's jetzt zur Eisenbahnbrücke?

In einem weiten Bogen umkreisen wir das böse Viertel. Nach und nach werden die Häuser weniger. Fadi biegt auf eine lange Allee mit uralten Kastanien ein. Ein paar Schrebergärten hinter Maschendrahtzäunen. Am Ende gibt es links und rechts nur noch lichten Wald. „Gleich sind wir da!", ruft er. Seine Wangen sind rot vor Aufregung. Die Allee endet. Unser Ziel liegt hinter einem Bauzaun, auf dem **Zutritt verboten** steht. Ein Krankenhaus. Verlassen und verfallen. Zehn Stockwerke hoch und lang wie ein **Ozeanriese**.

Ein riesiger Parkplatz liegt davor. Früher standen hier die Autos der Ärzte, Pfleger und Besucher. Jetzt ist der Asphalt aufgeplatzt und alles wächst wild aus ihm heraus. Junge Birken. Riesige Farne. Stachelige Büsche. Meterhohe Disteln.

Fadi steigt vom Rad und holt die Ausrüstung aus dem Rucksack. „Das ist die **Bartholomäus-Klinik**", sagt er. „Sie wurde vor zwanzig Jahren geschlossen." Er öffnet die Kamera an seinem Telefon. „Stellt euch das mal vor. Vor zwanzig Jahren. Hier war schon länger keiner mehr, als wir überhaupt leben."

Ich gehe zum Zaun. Er ist bloß in die Betonständer eingesteckt. Man kann ihn rausheben.

„Warte, warte", sagt Fadi. „Erst, wenn wir live sind. Das gehört dazu."

Er wird fertig mit seinem Telefon. Steckt es auf einen Stick. Hebt es hoch. Startet den Stream. Spricht zu seinem Publikum.

> So, Leute, herzlich willkommen auf Fadis Lost Places, heute mit einem Livestream.

Fadi schwenkt kurz auf Emma und mich. „Und wir gehen heute in die alte Bartholomäus-Klinik." Er winkt mir, dass ich jetzt langsam den Zaun rausheben soll. Er filmt das Zutritt-verboten-Schild. „Hier", sagt er dabei, „das sind die magischen Worte. Für uns **Urban Explorer** heißen sie: Da müssen wir unbedingt rein."

Ich hebe den Zaun hoch und schiebe ihn zur Seite. Fadi filmt, wie wir hindurchhuschen. Schnell stehen wir in dem Wäldchen, das aus dem Asphalt gewachsen ist.

„Seht ihr?", sagt er. „Wenn der Mensch geht, dann holt sich die Natur die Welt zurück! Ich finde das beruhigend."

Was Fadi sagt, stimmt. Ich finde es großartig, hier zu sein. Mit ihm. Mit Emma. Ich sage: „Schaut mal her. Das ist ein **Natternkopf**." Fadi filmt.

Ich zeige auf eine große Pflanze mit violetten Blüten an langen Stielen, die sich breitmachen. Neben ihr steht eine, die macht sich hoch. Ihr Stiel hat lauter kleine Zacken. Die Blätter sind geformt wie Küsten mit tiefen Buchten. Ich sage: „Und das ist ein **Kompass-Lattich**. Der heißt so, weil seine Blätter nach Norden zeigen."

Fadi filmt mich weiter, während er fragt: „Woher weißt du das alles?"

Ich lache ein bisschen irre und rufe: „Ich habe keine Ahnung! Es ist, als könnte ich alles, was ich jemals gehört oder gelesen habe, plötzlich abrufen."

Fadi fragt: „Gut, Ben. Was meinst du? Wie sieht das hier in hundert Jahren aus?"

Ich sage zum Live-Publikum: „Die Bäume und Farne sind noch viel größer geworden. Riesige Libellen schwirren dazwi-

schen herum. Ein Teil des Bodens ist eingebrochen, weil hier noch ein Parkhaus darunter ist. Wasser hat sich gesammelt. Ein Sumpfsee ist entstanden."

Fadi macht mit der rechten Hand eine Geste, als ob er kurbelte. Ich soll also weiterreden.

Ich sage: „Spiralbäume haben sich rund um den See angesiedelt. Sumpfschnapper sind hineingekrochen. Im See wachsen die Bäume, in deren Kronen die Blaustürze leben. Sie sind riesig. Ihre Wurzeln klammern sich in den Boden der ehemaligen Tiefgarage, direkt neben der rostigen Stahltür zum Treppenhaus."

Fadi ruft: „Oh, hoho!" Er dreht die Kamera wieder auf sich. „Liebe Leute, das war jetzt keine Botanik, sondern **Fantasy**. Manchmal geht es mit Ben etwas durch."

Wir schleichen zum Eingang des Krankenhauses. Unter dem Vordach standen früher die Patienten in Bademänteln und plauderten. Jetzt hängen **Schlingpflanzen** von den Rändern hinab. Die Schiebetür aus Glas ist zerschlagen. Im Foyer dahinter wird es augenblicklich dunkel. Fadi verteilt Stirnlampen. Ich spüre eine Mischung aus Angst und Vorfreude. Fadi sagt: „Wie ich sehe, schalten sich immer mehr von euch dazu. Prima."

Seid ihr bereit?
Wir gehen jetzt rein!

Wir betreten das Foyer. Glassplitter knirschen unter unseren Sohlen. Emma zeigt mir ihr Display.

Sie hat Fadis Kanal aufgerufen. Wir sehen uns selbst. Und die Zahl derer, die dabei sind. „Schon vierhundertfünfundzwanzig Viewer", flüstert sie. „Wenn du die live hast, hast du später für das Video Zehntausende."

Fadi erzählt: „Seit zwanzig Jahren will niemand dieses
Gebäude kaufen. Man sagt sich, es sei verflucht." Unsere
Stirnlampen schneiden Teile der Umgebung aus dem Dunkel.
Wartebänke. Die Anmeldung. Eine Nische mit Automaten für
Kaffee und Süßigkeiten.

Das Glas des Automaten ist zerschlagen. Fadi geht hin und
nimmt ein **Snickers** aus der Maschinenleiche. Knisternd hält er
den Riegel vor die Kamera. „Seht ihr das? Abgelaufen im Jahr
1999. Könnt ihr euch das vorstellen?" Neben den Wartebän-
ken stehen die vertrockneten Reste der Zimmerpflanzen. Sie
sind nur noch Skelette. Während auf dem Parkplatz alles
wächst, ist hier alles gestorben. Ich denke an meine Mutter, wie
sie im Wohnzimmer trockene Blätter ausschüttelt. Gut, dass
sie nicht weiß, wo ich bin.

Wir dringen tiefer in das Gebäude vor. Im Flur für die Aufzüge steht eine der Schiebetüren offen. Dahinter ist aber keine Kabine. Ich leuchte in den Schacht. Die Kabine hängt ein paar Etagen über uns fest.

Fadi haucht: „Krass. Stellt euch vor, die stürzt jetzt ab."

Emma sagt: „Die Köpfe da raus, ihr Verrückten!" Ich schwenke das Licht meiner Stirnlampe auf die Wegweiser an der Wand. Fadi folgt mir mit der Kamera.

Der Flur zu den Räumen, in denen sie früher die Menschen aufgeschnitten haben, ist lang. Ständig gehen links und rechts weitere von ihm ab. In einem höre ich ein Geräusch. Ein Rascheln und Scharren.

„Wartet mal", flüstere ich und biege in den Gang ein. An den Wänden hängen Bilder ehemaliger **Direktoren**, die dieses Hospital früher geleitet haben. Eine Frau und ganz viele Männer. Manche Bilder wirken uralt. Als hätte man die ersten Patienten schon vor hundertfünfzig Jahren auf Holztragen hergebracht.

„Fadi", sage ich, „filme mal die gruseligen Fotos hier. Fadi?"
Ich drehe mich um. Fadi und Emma sind nicht hinter mir.
„Leute?"
Das Geräusch taucht wieder auf. Es klingt, als ob jemand mit einem alten Besen in den Ecken kratze. Und gleichzeitig so, als würden aus dem Holzstiel des Besens knackend neue Besen wachsen. Ich drehe die Kopflampe wieder nach vorn. Der Besenstiel knackt und kreischt. Am Ende des Flurs schiebt sich die Wutwurzel in den **Lichtkegel** hinein.

Ich schreie. Nicht so, wie Leute in Filmen schreien, die erst kurz erstarren und dann noch Luft holen. Nein. Mein Schrei fällt ohne Luftholen aus der **Kehle**. So schnell, dass ich mich selbst über ihn erschrecke. Als hätte jemand anderes neben mir geschrien. Die Wurzel breitet ihre Triebe über die Wände aus und wirft die alten Bilder von der Wand. Derweil schiebt sie sich nach vorn, über den Boden. Der alte Belag platzt auf. Die Kopflampe zittert. Auf einem der Bilder sehe ich, wie der **uralte** Direktor sich kurz bewegt, bevor der Wurzeltrieb ihn von der Wand reißt.

Ich drehe mich um und renne. Renne, wie ich noch niemals gerannt bin. Renne, wie man sonst nur in **Albträumen** rennt. Wo der Boden sich in Schlamm verwandelt und man immer schlechter vorwärtskommt. Das passiert hier nicht. Was übel ist, denn es beweist: Das ist kein Traum!

Ich erreiche den Hauptflur. In meinem Lichtkegel tauchen Fadi und Emma auf.

Emma fragt: „Wo warst du?"

Fadi filmt, als wäre das immer noch bloß ein bisschen Klettern in der Ruine. „Weg hier!", brülle ich. „Los, los, los!"

Emma sieht mich erschrocken an. „Was ist denn?" Ich kann nicht stehen bleiben. Kann es doch jetzt nicht erklären! Die Zeit haben wir nicht. Ich zeige hinter mich. „Die Wutwurzel! Sie ist hier. Sie kommt. Rennt einfach!"

Fadi schwenkt die Kamera.

„Da ist nichts!"

Ich kreische: „Raus! Einfach nur raus!" Ich laufe vor. Die beiden folgen mir. Im Foyer stoße ich eine der alten Zimmerpflanzen um. Sie zerbricht, als wäre sie aus Ton.

Auf dem Parkplatz laufe ich noch weiter, bis wir wieder am Bauzaun sind. Fadi und Emma kommen kaum hinterher. Keuchend holen sie mich ein. Erst als ich stehe, merke ich, dass ich auch viel zu schnell gerannt bin. Mein Herz schlägt bis hinauf an meinen **Kehlkopf**. Fadi nimmt die Kamera herunter.

Emma fragt: „Was ist denn bloß los mit dir?" Ich will sie ansehen und beruhigen. Sie und mich. Ich will ihr und mir selbst sagen, dass es vorbei ist.

Da sehe ich, wie die Wurzel aus den Fenstern des Krankenhauses schießt. Überall. Sie frisst es von innen. Würgt es, wie der **Krake** ein Schiff mit tausend Tentakeln zerquetscht.

Fadi und Emma drehen sich um.

Sie schauen mich an, als wollten sie gerne Ja sagen, aber könnten nicht. Die Wurzel reißt Teile aus dem Gebäude. Splitternd fallen sie auf den Asphalt. Am Himmel fließen die Wolken zu einem **Teufelsgesicht** zusammen. Ein Dämon in Weiß. Mir schießen Tränen in die Augen. Ich greife mir mein Rad und rase los.

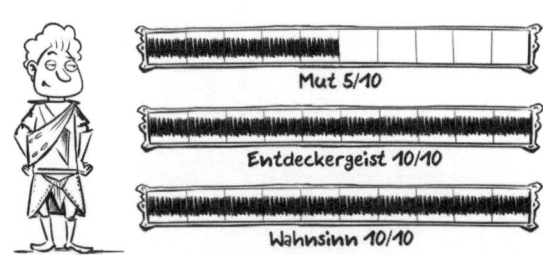

Mut 5/10

Entdeckergeist 10/10

Wahnsinn 10/10

DER WAHNSINN
#EINBILDUNGSKRAFT

Noch nie habe ich so sehr in die Pedale getreten. **Atemlos.**
Mit brennenden Waden. Immer geradeaus. Vorbei am Wald.
An den Häusern. An Tankstellen. Vorbei an Imbissbuden,
Wettbüros und Spielhallen. Durch die Unterführung hindurch.
Am Skatepark vorbei. An den alten Mietshäusern. Hechelnd.
Japsend. Ohne mich umzusehen. Als würde die Wurzel mir
folgen. Als jagte mich der Wolkendämon am Himmel, **erbar-
mungslos.** Dabei folgt mir nur der Wahnsinn und der steckt in
mir selbst.

Mein Vater beugt sich über einen Maulwurfshügel. Ich werfe
das Rad auf den Rasen. Er sieht auf. Mein Puls hämmert. Alles
um mich herum dreht sich. Das Frühstück von heute Morgen
steigt mit brennender Magensäure in meinen Rachen. Ich
würge und kotze hemmungslos in den Garten.

Mein Vater springt auf und eilt zu mir. „Ben, was ist passiert?" Die scharfe Soße läuft mir aus den Nasenlöchern. In meinen Ohren spielen schiefe Geigen kreischende Töne. Schwer hebe ich den Kopf.

„Du hast ja ganz rote Augen", sagt mein Vater erschrocken. „Hast du Drogen genommen?"

Ich brauche auf die Frage nicht zu antworten. Es reicht, dass ich ihn ansehe und dabei wortlos sage: „Kennst du mich etwa nicht?"

Er stützt mich, schließt die Tür auf und führt mich ins Haus. An der Tür bimmeln die Glöckchen, die uns als Familie Glück bringen sollen. Im Flur hängt ein gerahmtes Poster vom Hamburger Hafen. „Komm, wasch dir mal den Mund aus", sagt mein Vater. Ich mache uns einen **Mamafrei**.

Der **Mamafrei** ist Papas Erfindung. Ein echter Kakao mit Milch, Honig, Zucker und Zimt, in dem dann, wenn er noch heiß ist, ganze Stücke von Schokolade aufgelöst werden.

Und Marshmallows. Ein Becher davon schmeckt so süß, als würde man auf der Kirmes einen ganzen Stand Zuckerwatte leer essen. Der **Mamafrei** hat laut meines Vaters „ungefähr dreitausend Kalorien" und kann nur hergestellt werden, wenn meine Mutter nicht da ist. Gleiches gilt für Papas Spezial-Currywurst, mit Frikadellen und Rippchen als Beilage.

Ich spüle mir die Kotzreste und den **Sabber** aus dem Mund und setze mich an den Tisch in der Küche. Mein Vater serviert die Becher. Ich schaue durchs Fenster und habe Angst, dass die Wurzel gleich wie eine Hand hinter dem Blumenkasten erscheint.

„Jetzt im Ernst", sagt mein Vater. Er schlürft seinen ersten Schluck. „Was ist los?"

Ich führe mir auch den Becher an den Mund. Der Drink ist

so warm wie ein Abend am offenen Kamin und so dickflüssig wie Sirup. Heute hat Papa darin Himbeerschokolade aufgelöst.

Mein Vater schaut mich über seinem Becher anders an als sonst. Anders als bei der Nachhilfe. Anders als bei der Gartenarbeit. Sogar anders als damals, als er mir erklärt hat, wie sich das alles so verhält mit der Liebe und dem Sex und den **Kondomen**, während Mama hinter der Tür stand und ich so tat, als würde ich das nicht merken. Das war ein sehr komischer Abend, denn natürlich wusste ich schon viel mehr, als meine Eltern dachten. Papa ahnte das und begann irgendwann zu scherzen. Heute guckt er so, als würde es das erste Mal in unserem Leben als Vater und Sohn *wirklich* ernst.

Sein Blick reicht völlig aus, damit ich ihm alles erzähle. Von Wirrbart und den Blaustürzen, die dem Sumpfschnapper ausweichen. Davon, was passiert, seit ich mein echtes Leben mit **Exploria** vermische. Wie ich auf einmal Körbe treffe. Turnen kann. Pflanzen und Länder erkenne. Wie mir endlich sogar Mathe gelingt. Dass ich das erste Mal in meinem Leben was in den Wolken sehe. Und eben auch, dass mich eine gigantische Wurzel heute durch ein verlassenes Krankenhaus gejagt hat. Mein Vater hört geduldig zu. Auf seiner Oberlippe klebt süßer Schaum.

„Komm mal mit", sagt er. Er steht auf. Ich folge ihm. Die Holzstufen hinauf, in sein Büro. An den Wänden hängen keine Landkarten wie bei Frau Gneis, sondern uralte Werbeplakate mit alten Rechnern darauf. Der **Commodore 64**. Der **Amiga 500**. Der **Apple 1**. Es riecht nach Lüfterstaub und Apfelschorle.

Er öffnet eine Schublade, die man abschließen kann. Mit einem trockenen „Rums" legt er den Stapel alter Briefe auf den Tisch. Die Briefe, wegen derer sich meine Eltern neulich an der Kommode im Wohnzimmer gestritten haben.

Er zieht einen hinaus und faltet ihn auf. Die Schrift wirkt etwas kindlich.

Mein Vater liest vor: „Lieber Alfonso, heute gab es Streit mit meinen Alten." Er schaut über das Papier und erklärt: „So haben wir damals unsere Eltern genannt. Die Alten. Nicht nachmachen. Wir sind nicht alt."

Er räuspert sich. Die Computer auf den Postern an seiner Wand hatten insgesamt so viel Speicher wie heute eine einzige Sprachnachricht. Mein Vater hat sie alle noch benutzt. Aber ich nicke.

Papa liest weiter vor: „Ich habe meinen Alten gesagt, dass ich nach **Dänemark** fahren möchte. Alleine. An die Küsten, wo früher die **Wikinger** waren. In Roskilde gibt es ein Museum, da stehen noch echte, alte Schiffe von denen. Und nachgemachte, auf denen man mitfahren darf.

Da kann ich doch wohl mal alleine ins Ausland verreisen. Aber Pimmel, Arsch und Hirn! Die Alten lassen mich nicht."

Ich muss kichern.

Mein Vater fragt: „Was?"

„**Pimmel, Arsch und Hirn?**", frage ich.

„So haben wir früher geredet", sagt er. „Ist doch besser als **Hurensohn**. Oder?" Stimmt auch wieder.

„Warum liest du mir das vor?", frage ich. „Wer war Alfonso?"

Mein Vater legt den Brief ab. Sein Schreibtisch ist irrsinnig aufgeräumt. Außer dem Brief liegt da gerade nichts einfach so herum.

Mein Vater sagt: „Alfonso Amico war mein bester Freund. Von ungefähr als ich acht war bis kurz nach diesem Brief. Es war einer der letzten."

„Was ist denn passiert? Seid ihr zusammen heimlich zu den Wikingern gefahren?"

„Wir hatten uns dafür verabredet, ja", sagt mein Vater. Er rückt den Brief gerade. Parallel zur Kante des Schreibtischs. „Aber es ist gut, dass ich nicht gefahren bin. Denn ich wäre die ganze Zeit alleine herumgelaufen. Also aus Sicht aller anderen **Touristen**."

„Hä?"

Papa beugt sich vor. In seinem Kinnbart zeigen sich graue Haare. „Alfonso Amico gab es gar nicht. Er war mein imaginärer Freund. Meine Fantasie." Er lehnt sich zurück und schiebt die Briefe zusammen.

„Du hast acht Jahre lang Briefe an eine Fantasie geschrieben?"

„Du siehst wilde Wutwurzeln in Krankenhausruinen, oder?"

Ich brumme. Der Stapel auf dem Tisch ist wirklich hoch. Tausende von Stunden Text, geschrieben von meinem Vater an einen Freund in seinem Kopf. An sich selbst.

„Ich habe auch mit ihm geredet. Erst nur für mich alleine. Abends im Bett. Im Meer, in den Ferien. Hinter den **Dünen**. Immer, wenn keiner geguckt hat. Irgendwann aber auch dann, wenn jemand geguckt hat. Und eines Tages wusste ich nicht mehr, was wirklich und was erfunden war."

Wow. Damit hätte ich nicht gerechnet. Weder damit, dass ich jemals ein so ernstes Gespräch mit meinem Vater führe, noch damit, dass er so krass verrückt geworden ist. Weil er sich zu sehr auf die Fantasie eingelassen hat. Wie ich gerade.

„Was hast du getan, damit es aufhört?", frage ich.

Mein Vater steckt den Brief, aus dem er vorgelesen hat, wieder in den Umschlag. Er sortiert ihn in den Stapel ein, an fünftletzter Stelle. Dann lässt er den ganzen Packen handgeschriebenen Papiers wieder verschwinden.

„Ich habe ihn gelöscht", sagt mein Vater. „Und alles, was an **Gewohnheiten** mit ihm zu tun hatte. Ich habe zum Beispiel gar nicht mehr laut gedacht. Nur noch geredet, wenn wirklich andere da waren."

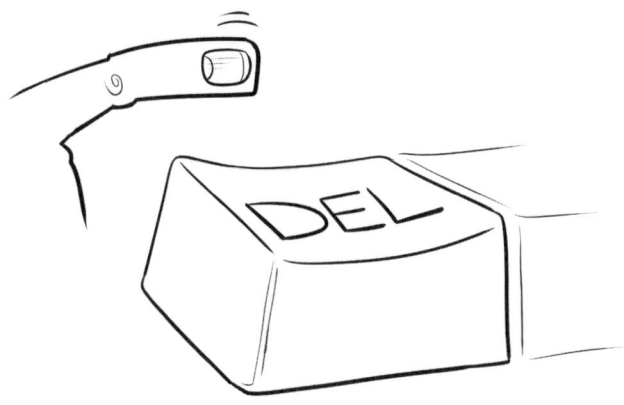

„Du hast die Briefe behalten."

„Ja, als Warnung an mich selber."

„Hast du dich verabschiedet? Ihm einen letzten Brief geschrieben?"

„Nein."

Mein Vater steht auf. Er klopft auf die Wände. „Das alles hier. Unser Zuhause. Unsere Familie. Du. Das wäre mit Alfonso im Gepäck nicht möglich gewesen. Das ging nur, weil ich mich dem Leben gestellt habe. Dem echten Leben. Und das echte Leben ist wie die Rechnungsprogramme, die ich schreibe. Sogar **Gamedesigner** müssen sich sachlich konzentrieren. Um eine bunte, wilde Welt auf den Schirm zu kriegen, muss der hinter dem Schirm klar im Kopf sein und die Fäden zusammenhalten. Wer immer nur träumt, wacht eines Tages nicht mehr auf."

Eine Stunde nach dem Gespräch mit meinem Vater ertönt ein Geräusch aus meinem Zimmer, das man nur selten hört. Ich sauge. Bis unter meinen Schreibtisch, an die Steckdosen-Insel mit der Küste aus Krümeln.

Einer nach dem anderen verschwindet im Sauger. Sie rasseln in der Röhre. Ich stelle mir vor, es sei wirklich eine Küste und ich ein Gigant, der... Nein! Stopp! Ich schüttele die Träumerei

ab. Mein Vater hat recht. Dem Wahnsinn muss Einhalt gebo-
ten werden. Ich konzentriere mich nur darauf, jeden Krümel
zu erwischen.

Sie steht in der Tür, als ich den Staubsauger ausschalte. Sie
war in der Stadt. Neue **Gästehandtücher** holen für den Besuch
von Oma Ingrid in ein paar Wochen. „Ich stelle mich dem
echte Leben", sage ich.

Meine Mutter guckt, als sei sie sich unsicher, ob ich sie
verarsche. Sie geht. Ich schalte den Rechner ein. Gehe in die
Systemsteuerung. Lenke den Zeiger auf das Symbol von
Exploria. Deinstallieren? Meine Hand zittert. Papa hat die
Briefe behalten. Ich schließe das Fenster und schalte den
Rechner wieder aus.

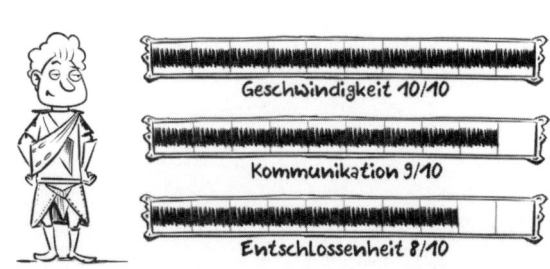

DER KONGO
#BLOODPHONE

Die Brötchen waren zu weich. Ich stehe vor der Bäckerei nahe der Schule und fälle dieses Urteil. Ich denke nach über die Qualität des Gebäcks, statt mich in Fantasiewelten zu verlieren. Ganz rational. Es fühlt sich gar nicht so schlecht an. Brötchen müssen knusprig knacken, wenn man sie eindrückt. Das nennt man **rösch**. Diese hier geben kein Geräusch von sich. Das ist die Wirklichkeit. Das kann ich sagen. Mein Vater hat damals seinen imaginären Freund abgeschaltet. Ich habe die Verbindung zu **Exploria** gekappt. Ich knülle die leere Tüte zusammen und ziele auf den Müllkorb neben den Außentischen der Bäckerei.

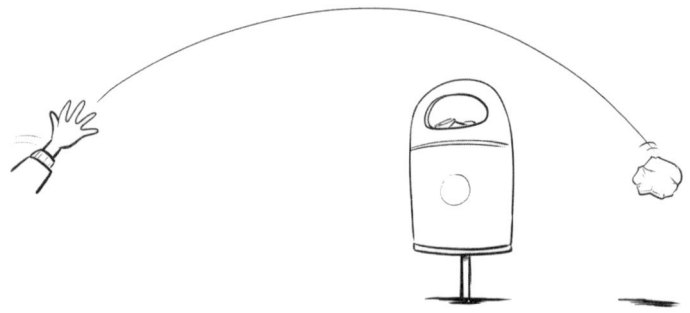

Emma kommt aus der Tür, eine **Rosinenschnecke** in der Hand. „Ein Raumschiff", sagt sie und meint die Wolken. „Siehst du? Die runde Sektion vorne und die zwei langen Antriebsdüsen hinten?"

Was sie beschreibt, klingt wie die **Enterprise**, aber ich sehe nichts. Die Wolken sind bloß wieder Ansammlungen von Wasser und Eiskristallen. Mehr nicht. Und das ist auch gut so. „Wir müssen zur ersten Stunde", sage ich.

Heute spricht Frau Gneis mit uns über das Zeug, das unsere Handys zum Laufen bringt: **Tantal**. Es speichert elektrische Spannung besser als alles andere und gibt sie ebenso zügig wieder ab. Die winzigen **Kondensatoren** in Computern sind daraus gemacht. Und die Telefone sind ja im Grunde Rechner. Tantal gewinnt man aus **Coltan**. Und Coltan muss man als Erz mühsam aus dem Boden holen. Es werden Kriege dafür geführt. Frau Gneis muss das wissen als ehemalige Soldatin. Ich finde es gut, dass sie sagt, wie es ist. Realität ist wichtig.

„Am schlimmsten gestaltet sich der Coltan-Abbau im **Kongo**", sagt Frau Gneis. „Die Minen sind oft in der Hand von bewaffneten Verbrechern. Sie nennen sich Rebellen. Aber es sind Gangster, die Kinder für sich schuften lassen."

„So wie Sie uns auf dem Schulhof, wenn wir Müll picken müssen?", sagt Kim. Einige lachen. Frau Gneis guckt streng. Kim hebt die Hände. „Ja, nur Spaß. **Chillt** mal."

Frau Gneis sagt: „Coltan muss man mit viel Wasser aus dem Gestein herauswaschen. Umweltverschmutzung erzeugt es also immer."

Frau Gneis klopft auf das Ruheregal. „Hinter dem Inhalt dieser Fächer hier steckt sehr viel Anstrengung. Und je nach Gerät vielleicht sogar Blut." Sie kommt an meinen Tisch. „Ben, zeigst du uns kurz, wo der Kongo liegt?"

Ich stehe auf und gehe zur Karte. Ich will aufrufen, mit welchem Ort bei **Exploria** ich dieses Land verbinde. Doch sobald dieser Teil meines Gehirns anspringt, ist der Wahnsinn wieder da. Die Wolke vor dem Fenster bekommt das Teufels-gesicht. Aus der Fuge des Waschbeckens drängt sich die Spitze einer Wurzel.

Ich reibe mir die Augen. Schalte innerlich das Spiel ab. Papa hat seinem imaginären Freund keinen Abschiedsbrief ge-schrieben. Es geht nur ganz oder gar nicht.

„Ben?", fragt Frau Gneis. „Alles in Ordnung?"

Ich räuspere mich. „Jaja, alles klar." Müffelnd hängt die alte Karte vor mir. Unsere Welt. Die echte. Wo alles logisch ist. Fadi und Emma habe ich erzählt, dass ich neulich im Krankenhaus **Halluzinationen** wegen einer Lebensmittelvergiftung hatte. Das Video hat Fadi nachträglich geschnitten, aber das Publi-kum im Livestream konnte meine panische Flucht natürlich beobachten.

Hilflos stehe ich vor der Karte. Ich, der ich letzte Woche noch alles konnte. Klar, diese **topografischen** Karten sind auch beschriftet. Irgendwo steht „Kongo" in dem Gewirr aus Bergen, Tälern, Flüssen und Seen. Klein und kursiv, zwischen den Falten der Erde.

„Wie geil!", ruft Manuel. „Der alte Ben ist wieder da!

Das Orientierungsopfer!

Frau Gneis sagt: „Manuel, du kennst die Ecke hinter den Sammelcontainern?" Er verzieht das Gesicht. „Saubermachen! Morgen. Hochdruckreiniger lass ich dir vom Hausmeister stellen."

Manuel tobt. Ich starre auf die viel zu vielen Länder des afrikanischen Kontinents. War der Kongo groß oder klein? In der Mitte oder am Rand? Meine Augen scannen die viel zu winzigen Beschriftungen in den viel zu großen Furchen der Landschaft. Mali. Niger. Tschad.

Frau Gneis fragt: „In welcher Richtung von hier aus würdest du den Kongo denn suchen?"

Ich schimpfe: „Ich suche den Kongo nicht!"

„Nur in deiner Vorstellung."

Ich schaue sie entsetzt an. Dann renne ich aus dem Raum.

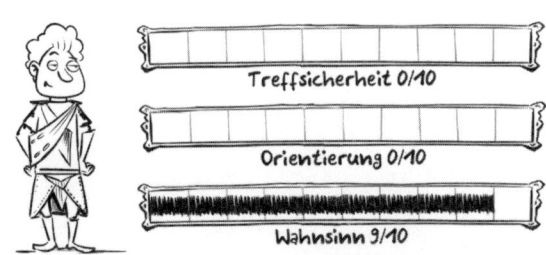

DER VERRAT
#STALKERALARM

Den restlichen Schultag schwänze ich. Ich tue mir ganz bestimmt nicht Mathe an. Und sicher hänge ich mich in der **Turnhalle** an keinen Ring und an kein Reck. Fest steht aber auch: Gehe ich dem Wahnsinn aus dem Weg, bleibe ich sitzen. Das ist offenbar der Preis, den ich zahlen muss. Entweder wachsen Wutwurzeln aus allen Ritzen und böse Wolken am Himmel verfolgen mich. Oder ich bleibe bei klarem Verstand und steige ab auf die Köhlerschule. Man könnte auch sagen: Ich bin so oder so vollkommen im Arsch.

Mit dieser schrecklichen Erkenntnis im Kopf laufe ich jetzt schon seit Stunden durch die Stadt. In den Geschäften falten junge Frauen Klamotten zusammen. Verkäuferinnen, die gestern noch patzige **Müllpicker-Mädchen** waren. Am Brunnen vor dem alten Kaufhaus klaubt der komische Kauz leere Flaschen aus den Büschen. Vielleicht ende ich eines Tages wie er?

Die Nachrichten von Fadi und Emma, die auf meinem Telefon eingehen, ignoriere ich. Gerade kommt schon wieder eine. Nein, doch nicht. Die ist von Wirrbart.

Sicher will er wissen, warum ich seit Tagen nicht im Spiel war. Ich habe mich nicht von ihm verabschiedet. So wie mein Vater nicht von Alfonso. Ich öffne die Nachricht.

Er schreibt: „Lass uns heute bitte treffen. An der alten Bartholomäus-Klinik. Vor dem Wald, der aus dem Asphalt wächst."

Ich will antworten, dass ich mich nicht mehr einlogge. Dann erst wird mir klar, was da steht.

Er will mich nicht im Knüllwald treffen oder am Teich der tausend Tode. Er schreibt vom **Wildwuchsparkplatz** vor der Klinik. In der echten Welt!

Woher weiß er von diesem Ort? Wohnt der Typ, der den Magier spielt, etwa in unserer Stadt? Und selbst wenn — wieso wählt er einen Platz aus, der für mich eine Bedeutung hat?

Meine Hände werden feucht und kalt. Der komische Kauz greift in den nächsten Busch. Die Zweige umschlingen seinen Arm. Im Wasser des Brunnens blubbert es.

Wirrbart sendet die nächste Nachricht: „In einer Stunde. Vertrau mir."

Aus dem Brunnen schiebt sich glitzernd eine Streckzunge. Der Kauz bemerkt es nicht. Ich schließe die Augen. Öffne sie wieder. Der Kauz hält seinen Fund in der Hand. Eine braune Bierflasche. **Acht Cent**. Die Streckzunge ist wieder abgetaucht.

Der Kauz winkt mir zu. Er erkennt mich vom Zaun der Schule. Ein paar Leute schauen herüber. Als fragten sie sich, was ich mit diesem **zerzausten** Typen zu tun habe. Wirrbart wartet auf mich. In meiner Stadt. Ich muss das jetzt lösen. Ich fahre los.

Der Schweiß läuft mir über den Rücken, als ich am Bauzaun des alten Krankenhauses ankomme. Das Köhlerviertel habe ich wie immer umfahren. Die Temperaturen steigen heute gefühlt jede Minute um ein Grad. Ich stelle das Rad ab. Die Pflanzen, die aus dem Asphalt gewachsen sind, wiegen sich sanft im Wind. Die breite mit den violetten Blüten. Die hohe mit den Stacheln am Stiel. Ihre Namen habe ich wieder vergessen.
 Skeptisch schaue ich hinauf zur Ruine des Hospitals. Die Fenster und Wandlöcher sind wurzelfrei.

„Hallo, Ben."

Zwischen den riesigen Pflanzen des neuen Urwalds steht
Frau Gneis. Sie trägt andere Klamotten als im Unterricht.
Leichtere. Der Hitze angepasst. Eine kurze Hose und ein T-Shirt
ohne Ärmel. Bislang wusste ich nicht, dass sie auf dem Oberarm,
unter der Schulter, ein **Tattoo** hat. Es sieht militärisch aus.

„Was machen Sie denn hier?", frage ich.

Sie sieht mich merkwürdig an. Irgendwie wissend. Ein Gedan-
ke steigt in mir auf, brennend wie die **Magensäure** neulich.

„Nein", sage ich. „Sind Sie etwa ...?"

Ich fasse es nicht. „Sie waren die ganze Zeit mit mir im
Spiel? Was soll denn diese Scheiße!?"

„Schnauz mich nicht so an. Ich bin deine Lehrerin. Und
du hast heute einfach so die Schule verlassen."

„Und Sie haben mich **gestalkt**! Im Spiel. Wochenlang. Und wieso treffen wir uns hier? Das heißt doch, Sie haben … ja, sicher! Sie haben sogar den Livestream von Fadi geguckt!"

Ich weiche vor ihr zurück. Wie vor einer Wutwurzel. All die Bilder der vergangenen Erlebnisse in **Exploria** schießen mir durch den Kopf. Und Tränen der Wut in die Augen. Wie konnte sie mir das antun? Mich durch diese Welt führen, die so anders ist und so einzigartig? Wie ein Leben neben dem Leben. Sie hat mich süchtig gemacht und dann die Grenze zwischen den Leben eingerissen. „Wegen Wirrbarts Tipps bin ich verrückt geworden. Die Welten verschmelzen!"

„Wegen meinen Tipps bist du besser geworden", sagt Frau Gneis. „In allem!"

Die Magensäure schießt in alle meine Adern. Ich weiß, das geht nicht, aber es fühlt sich so an. Alles glüht.

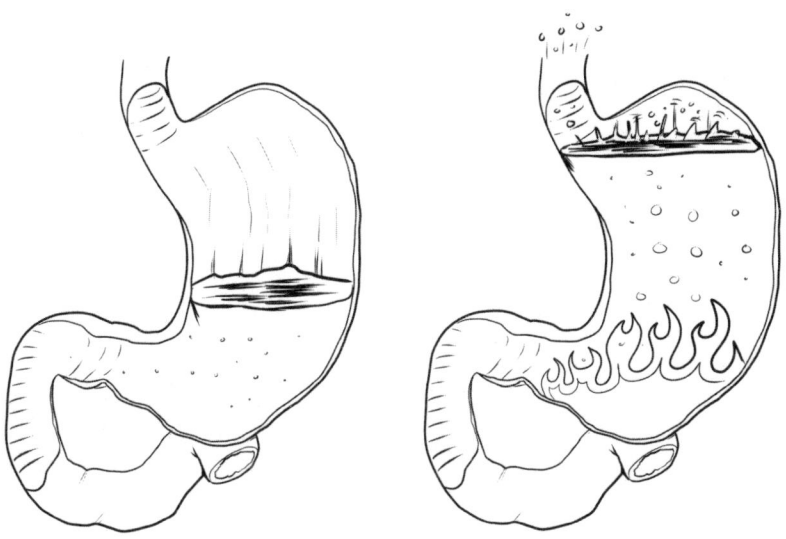

„Das können Sie doch nicht machen!", wehre ich mich.
„Mein Vater hat seinen imaginären Freund aufgegeben. Aber
der hatte ihn wenigstens selbst erfunden. Sie haben mir
einen imaginären Freund aufgezwungen! Wir haben gemeinsam gekämpft. Wir haben zusammen über Eltern gelästert.
Das ist doch krank."

„Ich kümmere mich um euch", sagt Frau Gneis. „Um euch alle!
Und ich wollte dich hier treffen, um dir zu zeigen, dass das da
drüben bloß ein altes Krankenhaus ist. Wenn wir noch mal
zusammen reingehen, dann **überschreibst** du den Schrecken
von neulich. Dann kannst du wieder ..."

„Ich gehe mit Ihnen nirgendwo mehr hin. Nicht zu den Blaustürzen. Nicht an den Teich der tausend Tode. Und schon gar
nicht in diese Ruine."

Frau Gneis legt den Kopf schief. Sie sagt, mit wärmerer
Stimme: „Aber, Ben, wir haben immer noch den Knüllwald offen."

Ich kann das alles nicht glauben. Dass sie nicht merkt, was sie
hier tut. Dass sie ernsthaft denkt, sie sei die Gute in der
Geschichte. Eine **Libelle** schwirrt um die Pflanze mit den
Stacheln herum. Lang wie ein dicker Pinsel.

Ich sage: „Stellen Sie sich mal vor, ich wäre ein Mädchen. Und Sie wären ein Lehrer. Stellen Sie sich mal vor, Herr Löffler spielt wochenlang mit Emma oder Kim oder Djamila ein Computerspiel unter falscher **Identität**. Er nennt sich, sagen wir, Princess Spoon. Oder Spoongirl. Spoony, was weiß ich! Jedenfalls so, dass die Mädchen denken, sie spielen mit einer Altersgenossin. Und dann lockt er sie auf den Parkplatz einer Ruine am Stadtrand. Weit weg von allen anderen Menschen.

Er wartet dort auf sie, in kurzen Hosen und ohne Ärmel am Hemd. Was würden Sie da wohl denken? Und was würden die Eltern denken, wenn die Mädchen das zu Hause erzählen?"

Frau Gneis wird bleich. Vollkommen. Sämtliche Farbe entweicht ihrem Gesicht. Sogar der Hals wird bleich. Die Schultern. Die Arme. Das Tattoo wirkt immer dunkler auf der bleichen Haut. Es tritt hervor, als könnte es gleich davonfliegen.

Ich wende mich zum Gehen.

Mit diesen Worten lasse ich sie stehen. Meine Lieblingslehrerin. Meinen Magier. Meine Verräterin.

In Sekunden ziehen gefühlte Jahre an mir vorbei, die wir in der Welt von **Exploria** verbracht haben. Ich sehe das silberne Glitzern der drei Monde auf dem Teich der tausend Tode. Sehe Frau Gneis, sehe Wirrbart im Publikum bei meiner

Vereidigung als Soldat der siebten Garde. Der Zauberer winkt von ganz hinten. Vorne jubelt die Menge, die der Computer spielt.

Ich gehe zum Rad hinter dem Zaun. Steige auf. Fahre los. Nach zweihundert Metern drehe ich mich noch mal um. Zwischen den Pflanzen, die eines Tages ein echter Dschungel sein werden, steht Wirrbart. Er senkt den Kopf. Sein Bart berührt fast den Boden.

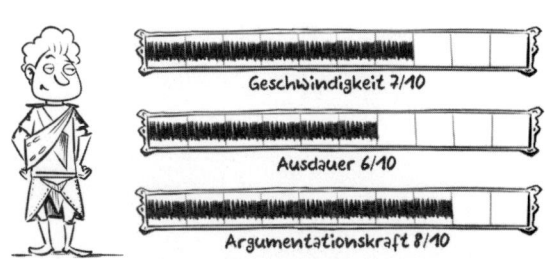

Geschwindigkeit 7/10

Ausdauer 6/10

Argumentationskraft 8/10

DIE WUTWICHTEL
#POPCORNEXPLOSION

In der Nacht liege ich wach. Nichts hilft gegen das **Gedanken-karussell**. Nicht einmal das tiefe Schnurren von Buffy. Unsere Katze hat sich gemütlich um meine Füße gelegt. Jeder Zeh von mir steckt irgendwo in dem warmen Fell.

Mein Vater schnarcht. Ich höre es durch die Wand. Ihm hätte so etwas wie mir nicht passieren können. Die **Games** seiner Jugend waren alle **offline**. Wenn er einen Mitkämpfer an seiner Seite haben wollte, saß der in echt neben ihm. Auf dem Sofa. Nach vorne gebeugt. Die Ellbogen auf die Knie gelehnt. Ein zweites Joypad der Konsole in der Hand.

Mein Smartphone vibriert. Eine Nachricht. Der Absender: Wirrbart.

Um zwei Uhr nachts. Frau Gneis ist verrückt. Ins Spiel kann ich

nicht mehr, wegen ihr. Und in die Schule? Wie soll ich da auftauchen? So tun, als ob nichts gewesen wäre? Wie stellt die sich das vor?

Es **vibriert** erneut. Eine zweite Nachricht. Ich tippe auf die Spalte im Messenger. Der Dialog geht auf. Die erste Nachricht lautet: „Wir haben den Riesen doch nicht umsonst besiegt." Die zweite:

Nur noch ein Letztes Mal.

Das ist ja nicht zu glauben. Sie will, dass ich mich bei **Exploria** einlogge. Dass ich zu ihr ins Spiel komme. Zu Wirrbart, meinem tatsächlich imaginären Freund. Einem **Kampfkumpel**, hinter dem die eigene Lehrerin steckt. Wenn das jemand wüsste!

„Wieso bist du so müde, Ben?"

„Ach, nichts weiter. Ich habe nur die vergangene Nacht wieder mit meiner Lehrerin Spaß gehabt."

Zornig tippe ich der irren Stalkerin eine Antwort: „Verschwinden Sie!"

Ja, das ist gut. Ein treffendes Wort. *Verschwinden*. Wenn es Frau Gneis und ihr Schauspiel als Wirrbart nie gegeben hätte, dann wäre alles gut. An meinen Füßen dreht sich Buffy. Ich bin ihr langsam zu unruhig.

Na super. Jetzt sendet sie mir gleich das erste Mal eine Sprachnachricht. Will mich vollquatschen. Das kann sie vergessen. Ich höre mir das nicht an. Lieber schiebe ich den Fuß wieder unter die Katze und schlafe endlich.

Die Sprachnachricht trifft ein. Das Smartphone steckt in der Ritze zwischen Matratze und Bettkasten. Mein Fuß steckt wieder unter Buffy. In meinem Kopf spielt die Titelmelodie von **Exploria**. Pelikanodone gleiten kreischend über den Teich der tausend Tode, den Bergen entgegen.

Ich ziehe das Telefon aus der Ritze und mir die Decke über den Kopf. Wie bescheuert muss ich sein! Ich drücke auf Abspielen.

„Ben, hör zu. Die haben den Knüllwald so programmiert ... den schaffst du nicht alleine. Nicht mit Samra. Da brauchen wir meine Assistenten. Vor allem **Babylon**."

Sie hat recht. So rein sachlich. Man hat ja gesehen, was passiert, wenn ich mit meinem Besenblaffer den Wald betrete. Den Wald, in dem man die Wesen nicht wütend machen darf. Wirrbart, also Frau Gneis, hat viel bessere Computerfiguren zum Aufrufen. Babylon ist ein **Vielzungenzüngler**, ein uralter Diplomat, der tausend Sprachen beherrscht. Sie hat auch noch einen Formwandler namens **Djorkaeff** zur Verfügung.

Frau Gneis sagt: „Trotzdem schaffe ich es nicht ohne dich. Komm. Nur noch der Knüllwald."

Ich wälze mich herum. Verliere das Fell an den Füßen. Buffy maunzt genervt. Sie springt aus dem Bett. Ich schiebe die Decke auf den Boden. Mache es ihr nach. Laufe im Zimmer herum. Man hört das doch überall: Gehe niemals auf deinen Stalker ein. Gib ihm auf keinen Fall, was er möchte. Ich tippe: „Nein. Hören Sie auf, mir zu schreiben. Oder zu sprechen." Senden. So. Jetzt muss aber Ruhe sein. Wenn sie mir jetzt noch mal schreibt, zeige ich es meinen Eltern. Dann landet sie hinter Gittern. Wegen **Belästigung** eines Schülers.

Das Telefon bleibt still. Gut. Frau Gneis lässt mich in Ruhe. Ich lege mich wieder hin. In der Ferne rauscht leise die Autobahn. Man hört sie nur, wenn der Wind in unsere Richtung weht. Ich stelle mir dann gerne vor, es wäre die Brandung des Meeres. Nebenan verschluckt sich mein Vater beim Schnarchen. Er bekommt einen **Hustenanfall**. Es rumpelt und kracht. Als sei er aus dem Bett gefallen und hätte den Wecker gleich mit zu Boden gerissen.

Ich merke gerade, wie ich wegdrifte, da gibt mein Smartphone schon wieder den Ton für den Eingang einer neuen Nachricht aus. Dieses Mal hat Frau Gneis nicht getippt. Gesprochen hat sie auch nicht. Stattdessen sendet sie ein Bild.

Ich öffne das Foto. Es ist ein Screenshot von **Exploria**. Er zeigt Wirrbart neben seinen Assistenten auf den ersten Metern im Inneren des Knüllwalds. Zu Füßen des Magiers liegt die Wutwurzel. Sie ist weder tot, noch tobt sie herum. Sie hat sich wieder kopfüber in den Boden gegraben. In der golden grünen Waldluft schweben die Punkte und Trophäen, die Frau Gneis sich verdient hat. Eine der Trophäen haben die Entwickler sehr witzig benannt. Sie heißt: **Erfolgreiche Wurzelbehandlung**. Wie beim Zahnarzt.

Frau Gneis schreibt: „Die kann dir nun nichts mehr tun."

Ich antworte nichts. Sie tippt weiter: „Der Weg zu den Wut-wichteln ist frei. Willst du sie wirklich nicht sehen? So zum Abschied?"

Ich erinnere mich daran, was Wirrbart damals gesagt hat, als wir den Wächter mit seinem Ohrwurm besiegt hatten. Über die Bewohner in der Tiefe des Waldes. An denen man vorbeimuss, wenn man die Gebiete dahinter jemals freischal-ten will. Über die große Legende des Spiels. Die Wutwichtel. „Wenn sie sich aufregen, geschieht etwas Unglaubliches, das nicht gestoppt werden kann."

Ich steige aus dem Bett. Gehe zu meinem Rechner.

Knipse unter dem Schreibtisch die Steckerleiste an. Fahre ihn hoch. Ich muss bekloppt sein. Völlig krank. Am anderen Ende der Leitung wartet meine Lehrerin auf mich. Um halb drei Uhr nachts. Eines Tages muss ich bestimmt in **Therapie.**

Als ich Wirrbart im Unterholz des Waldes erreiche, fühlt es sich an wie früher. Bevor ich wusste, wer er ist. Die Wurzel steckt im Boden. Es sieht ein bisschen aus wie bei diesen **Mangrovenbäumen**.

„Wie hast du ...?", frage ich. Mist. Jetzt duze ich sie auch noch. „Wie haben Sie ...?"

Wirrbart antwortet: „Das ging nur mit Babylon. Meinem Dolmetscher. Er hat die Sprache der Wurzel gesprochen. **Irdisch**.

Ich muss lachen. „Die Sprache der Wurzel heißt Irdisch?"

Wirrbart nickt. Also Frau Gneis. Mann, ist das bescheuert ...

Sie sagt: „Manchmal haben die Designer hier einen etwas platten Humor."

Ich reibe mir die Augen. „Und jetzt?"

Sie sagt: „Jetzt gehen wir da rein."

Ich folge Wirrbart in die Tiefe des Waldes. Einem zweihundertfünfzig Jahre alten Magier. Meiner Lehrerin. Sanft fließt die Musik durch die Äste und Blätter. Es klingt, als ändere sie alle paar Meter ihren Ton. Jetzt kommen Trommeln hinzu. Eine schräge Geige. Wirrbarts Haare werden grau glitzernd erleuchtet. Wir betreten eine **Lichtung**. Sie ist groß genug, dass Sonne hereinfällt. Schräg. In breiten Streifen. Sie ist aber auch klein genug, dass der Wald einen immer noch dicht umfasst. Ich klicke das Inventar auf und suche mein Schwert.

Ich klicke das Inventar wieder zu. Wir stehen leise und still. Da höre ich das erste Knacken und Rascheln. Ein Fiepen. Wie von einer Maus. Einer Maus, die so groß ist wie ein Dackel. **Schnattern**. Plappern. Ein Gewirr kratziger, kleinwüchsiger Stimmen.

Die Wutwichtel strömen auf die Lichtung. Von allen Seiten. Im ersten Augenblick erkenne ich sie kaum als Lebewesen. Sie haben die Größe von **Volleybällen**. Rundum umschließt sie struppiges, hartes Fell. Die Beine ragen kaum aus der Kugel heraus. Eher hüpfen sie, als dass sie gehen.

„Nun heißt es, ganz diplomatisch zu sein", sagt Wirrbart. „Wir dürfen sie auf keinen Fall wütend machen."

Es dauert noch ein wenig, bis der Zustrom von Wutwichteln endet. Nun ist die ganze Lichtung voll von ihnen. Es erinnert mich an die Fernsehbilder von **Demonstrationen**. Nur dass die vielen Pappschilder fehlen. Und die langen Transparente, die sie in vorderer Reihe vor sich hertragen wie einen breiten Schild. Und die Polizei mit den Helmen natürlich. Aus den Fellkugeln schauen uns große Augen an. Nasen und Münder sind unter dem Fell verborgen. Ein Wichtel tritt vor. Wirrbart hebt seine alte Hand und ruft den Dolmetscher Babylon auf.

Die Wutwichtel zucken zusammen, als der Vielsprachige erscheint. Er ist noch viel älter als Wirrbart. Satte achthundertzwölf Jahre. Es gibt keine Sprache, die er nicht versteht. Er grüßt: „Sei das Leben euch wohlgesonnen." Babylon wendet sich an den Sprecher der Wutwichtel. „Bengma?"

Der Wichtel wiederholt seinen Satz von eben: „Semsono? Warkati pavu?" Babylon übersetzt: „Er fragt, was ihr hier wollt."

Wirrbart verbeugt sich vor dem Wichtel und sagt: „Wir möchten lediglich kurz euren Wald passieren."

Babylon übersetzt für den Wichtel: „Mekarei. Wapati wapu."

Der Wichtel kneift misstrauisch die Augen zusammen. Wirrbart flüstert in meinem Headset: „Verbeuge du dich auch."

Ich frage: „Wie?"

Der Wichtel zeigt auf uns und sagt zu Babylon: „Sawei? Wanuta baku?"

Babylon übersetzt: „Er fragt, wer euch geschickt hat."

Wirrbart sagt: „Niemand. Wir möchten bloß in die Lande hinter dem Wald. Wir wollen auch nicht bleiben. Wir sind lediglich zwei Wanderer auf Entdeckungsreise."

Der Wichtel dreht sich zu seinem Volk um. Die kleinen Fellkugeln geraten in Aufruhr. Sie tuscheln miteinander. Wackeln auf und ab. Das ist nicht gut.

Babylon sagt: „Sie glauben euch nicht. Sie denken, ihr seid **Invasoren**. Geschickt vom **großen Kreis**."

Ich frage: „Was zum Teufel ist der große Kreis?"

Wirrbart sagt: „Verdammt. Davon habe ich auch noch nicht gehört. Wahrscheinlich eine Wahnvorstellung der Wichtel."

Babylon fragt: „Was soll ich antworten?"

Wirrbart überlegt. „Sag ihnen ... hm ... Mist."

Ich bin erstaunt. Frau Gneis hat endlich auch mal keine Antwort.

Sie sagt zu mir: „Wenn ich behaupte, den großen Kreis gibt es gar nicht, werden sie wütend. Weil ich dann im Grunde sage, sie seien verrückt. Wenn ich behaupte, wir wären auch Feinde des großen Kreises, werden sie auch wütend. Weil sie dann eine Bestätigung haben, dass dieser geheime **Macht-zirkel** existiert."

Ich zeige auf die nervöser werdenden Wichtel und sage: „Und wenn wir jetzt noch länger warten und gar nichts sagen, werden sie auch wütend. Weil wir keinen Respekt zeigen."

Wirrbart sagt zu Babylon: „Garantiere ihnen, dass wir in Frieden kommen." Der uralte **Dolmetscher** übersetzt. Doch es ist bereits zu spät. Der Anführer der Wutwichtel schüttelt den Kopf. Er flucht. Seine Hinterleute fluchen. Die ganze Meute.

Babylon sieht uns an. Er sagt: „Sorry. Es geht los. Lauft!"
Wirrbart und ich würden ja gerne laufen, aber die Neugier
lässt uns stehen bleiben. Wir wollen sehen, was nun passiert.
Der berühmte, unaufhaltsame Wutanfall. Die größte Legende dieses unfassbaren Spiels.

Die Wichtel hüpfen und springen. Auf und ab. Wie Maiskörner
in der **Popcorn-Pfanne**. Es knallt und zischt und ploppt. Ich
stelle mir vor, wie die Sound-Designer des Spiels echtes Pop-
corn aufgenommen haben. Immer wieder, bis es perfekt klang.
Denn künstlich hört sich hier gar nichts an. Und dann tun sie,
was auch diese Körner tun. Sie stülpen sich von innen nach
außen. Man kann es kaum mit Worten beschreiben. Man muss
es einfach sehen. Diese Grafik! Dieser Klang dazu! Zuerst ziehen
sich - tschlupp! - die großen Augen in die Kugel. Dann die
Beine. Schließlich stülpen sich die ganzen Wesen um. Sie
drehen ihr Inneres nach außen. Ein rotes, aderiges, pulsieren-
des Gewebe kommt zum Vorschein.

„Wie geht denn das?", rufe ich. „Die sehen sich ja jetzt selber von innen. Also ihr Außen, das jetzt innen liegt. Aber da ist es doch dunkel." Wirrbart sagt: „So ist es. Die sind jetzt blind vor Wut." Die Wichtelkugeln beginnen, sich zu drehen. Der Impuls lässt sie nach oben steigen. Wie Tausende blutig roter, glitschiger **Handgranaten**. Handgranaten in Kugelform. In der Luft über ihnen erscheint ein **Countdown**. Aber nicht runter von zehn zählend, sondern nur von drei...

Zwei ...

Eins ...

Die Wichtel explodieren. Vor Wut. Fell und Organe fliegen. Auch einzelne Augen. Die **Druckwelle** knickt Bäume um wie Grashalme. Und schleudert sie durch die zerfetzenden Hölzer hindurch bis nach draußen. Quer durch den Wald. Die Wutwurzel steht wieder aufrecht. Selbst sie flieht vor der Welle.

Wir stürzen auf die Wiese vor dem Waldrand, auf der wir den Riesen besiegt hatten. Mit uns stürzen unsere Werte. In Worten und Zahlen purzeln sie über den Bildschirm und aus ihm hinaus. Wir verlieren Trophäen, Objekte und mühsam erarbeitete Erfahrungspunkte.

Erst nach Minuten legt sich der Sturm. Die Trommeln verstummen. Ein letztes Auge rollt an uns vorbei. Wie eine Murmel. Als es zum Liegen kommt, löst es sich auf.

„Wut ist ungesund", sagt Wirrbart.

Mir fällt ein: „Ich bin immer noch sauer."

Frau Gneis sagt: „Es tut mir leid." Ich schweige. „Darf ich dir erklären, wie es dazu kommen konnte? Wenn die Wut kocht, können Erklärungen meistens kühlen." Ich nicke. „Ich war gerade ein Jahr Lehrerin, da hatte ich einen Schüler namens Mirko. Ein freundlicher, aufgeweckter Junge. Bis er eines Tages anders wurde. Verschlossen. Seltsam. Von einer stillen Wut erfüllt, die ich mir nicht erklären konnte."

Ich höre Frau Gneis zu, während mir klar wird, dass ich im Grunde von vorne anfangen kann. Sogar die meisten Orte, die ich mir erspielt habe, sind wieder geschlossen. Wirrbart hingegen dürfte noch auf viele von ihnen Zugriff haben. Ob die explodierten Wutwichtel wieder zusammenwachsen? Es dürfte dauern, das herauszufinden.

„Ich bin der Sache mit Mirko damals nicht nachgegangen", fährt Frau Gneis fort. „Ich dachte mir, das geht mich nichts an. Bis der Junge eines Tages ins Krankenhaus **eingeliefert** wurde. Er hatte versucht, sich das Leben zu nehmen."

Jetzt denke ich nicht mehr an meinen Verlust im Spiel. Jetzt muss ich fragen: „Wieso denn das?"

Frau Gneis sagt: „Seine Eltern haben sich gestritten. Sie gifteten sich jeden Tag an. Noch dazu hatte er sich unglücklich verliebt. Und keinen Freund zum Reden. Das war zu viel."

Wirrbart schaut in den Himmel. Es ist noch hell, aber Convenius ist bereits gut zu sehen. Gerade zeigt der kleine Mond uns seine Seite mit den vielen Gebirgen. In den Spitzen der Fünftausender hängen Kletterer an ihren Seilen.

Frau Gneis sagt: „Nach Mirko habe ich mir vorgenommen, dass ich mich für das Leben meiner Schüler interessiere. Lieber zu viel als zu wenig. Aber ich gebe zu: Bei dir habe ich übertrieben."

Ich rupfe etwas Gras aus dem Boden. Das geht tatsächlich. Alles geht in **Exploria**.

Frau Gneis sagt: „Nichts gegen die Köhlerschule, aber ich möchte nicht, dass du dir unnötig deine Zukunft verbaust."

„Ja, was soll ich denn machen?", blaffe ich.

„Entweder ich kann Mathe und Erdkunde und werde dabei verrückt. Oder ich lasse die Fantasie ausgeschaltet und kapiere nichts."

Frau Gneis steht auf und klopft sich den Umhang ab. „Ben, hör mir bitte zu. Und wenn es ein allerletztes Mal ist, dass wir uns hier als Magier und als Soldat der siebten Garde sehen."

Ich stehe ebenfalls auf. Ein paar Wolken ziehen am Horizont entlang. Eine sieht aus wie ein **Schafskopf**.

Frau Gneis sagt: „Das ist kein Entweder-oder. Du kannst die Fantasie als Hilfsmittel ein- und ausschalten, wie du es möchtest."

Ich schaue sie an. Meine zweihundertfünfzigjährige Lehrerin. Sie sagt: „Ein Fußballer wird innerlich zum Krieger, wenn er das Feld betritt. Ein Notarzt vielleicht zum Superheld. Wenn ich in die Schule komme, um euch Sack Flöhe zu zähmen, weißt du, was ich mir dann manchmal vorstelle?

Dass ich immer noch bei der Armee bin und ihr meine Soldaten seid. Junge Rekruten, in Uniform, die Mädchen wie die Jungs. Natürlich weiß ich, dass ich in der Schule bin. Aber die Vorstellung hilft mir."

Ob sie recht hat? Ob selbst Erwachsene eine **Traumwelt** einschalten, wenn sie sie gerade brauchen? Und wieder ausknipsen, falls es zu wild wird? Ob man sich von seiner Fantasie nicht vollständig verabschieden muss, wie es Papa mit seinem erfundenen Freund getan hat?

„Nächste Woche ist die Mathearbeit", sagt Frau Gneis. „Mit einer Zwei kannst du versetzt werden. Sei der Blausturz, der fliegt! Lass die Leute über dir im dritten Mond klettern, wenn es hilft! Du schaffst das."

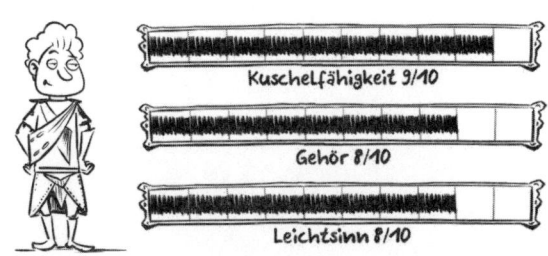

Kuschelfähigkeit 9/10

Gehör 8/10

Leichtsinn 8/10

DIE PRÜFUNG
#BESTOFFANTASY

Der Bleistift von Fadi kratzt eilig über das Papier. Als wäre sie einfach, diese verfluchte Mathearbeit! Sogar Emma tut sich leicht. Ab und zu lehnt sie nachdenklich den Kopf an die Hand. Aber dann rechnet und zeichnet sie weiter. Und ich?

Ich schwitze. Meine Hände sind **nasskalt**. Wie eine Hundenase. Meine letzte Arbeit war eine Sechs. Normalerweise müsste man froh sein, wenn ich mich auf eine Vier verbessere. Aber nein. Es muss eine Zwei werden. Sonst ist es aus. Das wäre so, als ob man einem **Nichtschwimmer** sagen würde: Kraule mal eben quer durch die **Nordsee**.

Am Wochenende stand in der Zeitung etwas über eine Bürgerinitiative. Im Köhlerviertel sollen mehr Bäume gepflanzt werden.

„Das ist nur, damit die da ruhiger werden", hat Nachbar Heinz

gesagt. „Wie am Bahnhof in Hamburg. Da spielen sie klassische Musik, damit es irgendwie friedlich bleibt."

Ich habe noch nichts geschafft ... und die Zeit verrinnt. Die Formeln auf dem Aufgabenzettel sagen mir was. Aber nur ganz vage.

Es fühlt sich an, als sei ein Schleier davor. Ein Schleier, den ich nur lüften kann, wenn ich meine Fantasie einschalte.

Ich schließe die Augen.

Seit wir in dem verlassenen Krankenhaus waren, verfolgt mich die Wurzel. Im Traum, aber auch tagsüber. Ihre feinen Fäden kommen aus dem Siphon im Waschbecken, wenn ich Zähne putze. Sie greifen nach mir, wenn ich nachts zum Klo gehe. Einmal sah ich Buffy darin eingewickelt. Die Wurzel hätte sie fast erwürgt. **Fleischbällchen** in Tomatensoße kann ich auch nicht mehr essen. Sie sind umgestülpte Wutwichtel. Blutig und tobend.

Wie ist das bloß gemeint, was da steht? Was soll ich tun? Wo finde ich einen Zugang?

„Noch eine halbe Stunde", sagt Frau Gneis. Dabei schaut sie zu mir. Ich schüttele sachte den Kopf. Sie nickt und schließt dabei halb die Augen. Das heißt: „Tu es!" Das heißt: „Gehe im Geiste in die Stadt der Alten, wo Mathematik nichts weiter als ein spannendes Rätsel ist." Das heißt aber auch: Ich muss alle **Schleusen** öffnen. Vielleicht kriege ich sie nicht mehr zu. Aber es muss sein. Jetzt. Auf Wiedersehen, schöne Welt des klaren Verstandes. Wenn ich nun wahnsinnig werde, dann soll es so sein.

Ich lege den Schalter um. Sofort zucke ich zurück. Ich quietsche sogar. Alle schauen zu mir. Ich werde rot.

Eine Zedernspinne kommt unter meinem **Aufgabenblatt** herausgekrochen. Sie hat sich in der **Holzfarbe** des Tisches getarnt. An meinem Fuß zerrt die Wurzel. Ich trete danach.

„Alter!", schimpft Manuel. „Wenn du zucken musst, geh nach Hause! Du Spast!"

„Hey!", sagt Frau Gneis. „Wenn du fluchen musst, geh nach Hause! Jeder arbeitet hier so, wie es ihm hilft."

Sie sieht zu mir. Verwandelt sich in Wirrbart. Die Tafel hinter ihr wird zur Wand eines antiken Hauses in der Stadt der Alten. Die Sonne lässt den **Marmor** der Stufen glänzen. Die Luft riecht nach warmem Stein und kühlen Brunnen. Hier haben wir den Unendlichkeits-Donut verklebt. Hier kamen wir auf die Idee, dass man bloß die Ränder nehmen muss und ... Moment! Die Formeln auf meinem Blatt ergeben plötzlich Sinn! Ich erkenne sie! Ich erinnere mich! Der Blausturz stakst an den Rand des Astes, öffnet seine Flügel und ... fliegt.

Nach der Arbeit stehen Fadi, Emma und ich auf dem Flur. Manuel rempelt mich im Gehen an und tut so, als ob er niesen müsste. Sein „Hatschi!" klingt wie „Spast!".

Emma schubst ihn. „Was zum Teufel ist dein Problem?"

Er wirbelt herum. „Pass bloß auf, Mädchen!"

Ich stelle mich zwischen ihn und Emma. Meine Hand drückt gegen seine Niere. Er schaut hinab. „Ähm ... was soll das?"

Wie soll ich antworten? Ich kann wohl kaum die Wahrheit sagen. Die lautet: Ich bedrohe ihn gerade mit meinem Schwert. Lachend geht er davon. „**Freak**!"

Ich laufe zur Toilette. Weg von allen. Die Graffiti an den Wänden falten sich auf. Ihre schwarzen Striche werden zu einem Wurzelgeflecht. Es bricht aus der Wand. Der Putz rieselt auf die **Pissbecken** und die schmutzigen Fliesen.

Ich habe die Aufgaben in der Arbeit alle gelöst. In nur achtundzwanzig der dreißig Minuten, die noch übrig waren. Es fühlte sich nicht an wie die Wirklichkeit. Es fühlte sich an wie ein Traum. Wie wenn man auf einmal Klavier spielen oder hundert Meter hoch springen kann. Weil man schläft.

Und ich wache nicht auf. Die Wand knackt und kracht. Armdick drückt die Wurzel nun auch ganze Ziegel beiseite. Wasserrohre springen heraus. Eines nach dem anderen. Es klingt, als würde man mit einem Hammer gegen die Stangen von Verkehrsschildern schlagen. Die Wurzel biegt die Rohre nach unten, sodass sie den Raum fluten. Erst spucken sie das Wasser in Stößen aus, als ob sie sich übergäben. Dann fließt es in glatten, gnadenlosen Strömen. Es ist kalt und riecht wie die Haut, wenn man mit nassen Fingern eine uralte Münze angefasst hat. Ich will hinaus, doch die Tür klemmt. Das Wasser steigt. Die Trommeln spielen. Die schiefen Geigen. Zedernspinnen tauchen auf dem Wasser auf. Sie treiben auf mich zu.

Zappelnd. Groß wie Handteller. Die Tür klemmt. Sie hat keinerlei Ritze mehr. Der ganze Raum schließt dicht ab. Der **Wasserspiegel** ist bereits auf Höhe meines Mundes angekommen. Samt Spinnen.

„Stopp!!!"

Ich breite die Arme aus. Das ist kein Entweder-oder! Ich bin hier derjenige, der die Wurzeln aus der Wand schießen lässt. Ich lasse die Spinnen, die mir selber Angst machen sollen, auf den muffigen Wellen tanzen. Ich habe offenbar die Fantasie von meinem Vater geerbt, der jahrelang einen Freund hatte, den niemand außer ihm sehen konnte. Mein Kopf ist der Rechner, der diese Grafik erzeugt. Das sind *meine* Welten! Das ist *mein* Schalter, den ich umlege. Und das hier ist bloß das alte, marode Schul-Klo. Eine **Bruchbude**. Selbst wenn die Flut echt wäre, könnte sie das Wasser niemals halten. Ich. Kann. Das. Ausschalten.

Die Trommeln verstummen. Jemand nimmt kreischend den Bogen von der Geige. Vor mir klebt das schlechte Graffito an den Fliesen. Wurzelfrei. Alle Rohre in der Wand.

Ich atme tief aus. Benutze ein Becken, das funktioniert. Spüle ab. Wasche mir die Hände. Das letzte Papierhandtuch aus dem **Spender** knülle ich zusammen. Neben den Becken steht ein Korb. Ich gehe auf die andere Seite des Raumes und werfe das Knäuel zielgenau hinein.

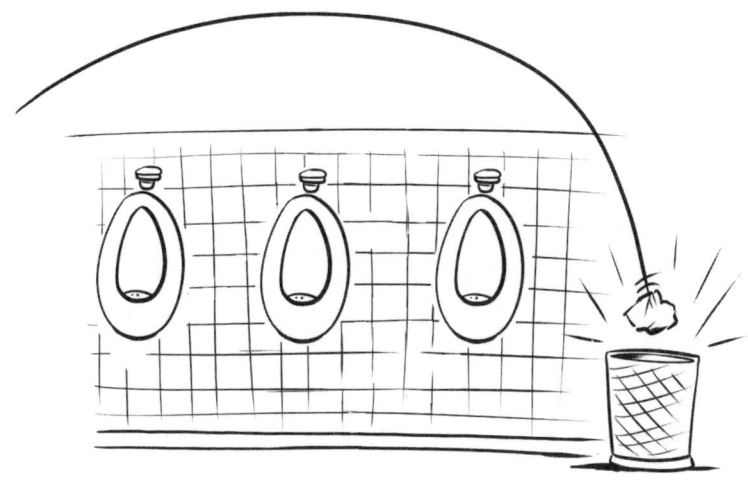

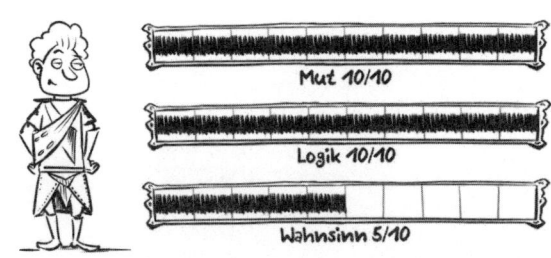

Mut 10/10

Logik 10/10

Wahnsinn 5/10

DAS HÜGELFLÜSTERN
#DUESTEREAUSSICHTEN

Fadi hält sein Handy in das Loch des Maulwurfshügels.

> Bislang glaubte man, das größte Labyrinth aus Tunneln gäbe es unter Paris. Aber nein – es befindet sich unter dem Rasen der Familie Siegert!

Emma lacht. Ich stelle mir vor, wir wären nicht hier, sondern zu zweit in einer **Bucht** auf Convenius. Das Wasser würde glitzern wie ihre Augen und wir würden nach oben auf die Erde zeigen und sagen: „Da unten legen die anderen gerade Würstchen auf den Grill." Ich weiß, die Erde liegt nicht unter diesem Mond. Ich träume nur gerade absichtlich.

Eigentlich hätte auch meine Oma da sein sollen. Doch sie hat

abgesagt. Meine Mutter ist sauer. Seit Wochen hat sie jede Ecke geputzt. Sogar das Bücherregal im Wohnzimmer haben meine Eltern aufgeräumt.

Was es zu feiern gibt? Ich bleibe. Auf der Schule. In unserem Viertel. Im Spiel. Bei **Exploria** hole ich mir Schritt für Schritt meine Verdienste zurück. Wirrbart habe ich dort nicht mehr gesehen.

Die Mathearbeit ist eine Zwei plus geworden. Frau Gneis hat sich fast noch mehr gefreut als ich. Kein Köhlerviertel. Keine gezogenen Fingernägel. Keine tägliche Lebensgefahr. Und der Schalter zwischen Fantasie und Wirklichkeit, der funktioniert mittlerweile sogar fast stufenlos.

Fadi will aufstehen, doch ich rufe: „Bleib mal drauf mit der Kamera!" Ich gehe zu ihm und hocke mich neben den Maulwurfs-hügel. Gegenüber steht **Nachbar** Heinz an seinem Zaun und beobachtet uns.

> Liebe Familie Maulwurf,
> ich bin zwar hier ohne Babylon,
> aber ich vertraue trotzdem darauf,
> dass ihr mich verstehen könnt.

Emma kichert. Fadi filmt.

Meine Eltern gucken, als wollten sie sagen: Das kommt davon, wenn der Junge **Biermix** trinken darf.

„Respekt", rede ich mit den Maulwürfen. „Ihr seid hartnäckig. Lärm, Gestank, Erdbeben durch den Rasenmäher – kein Mensch würde das aushalten. Ich meine, stellt euch das mal vor! Eine Wohnung wird den ganzen Tag mit Lärmkanonen beschossen, auf dass die Gläser im Schrank zerspringen. Gleichzeitig kreist ein **Militärhubschrauber** über dem Haus und wirft ständig tonnenweise Katzenscheiße in den Kaminschacht. Da wäre aber mindestens eine Mietminderung fällig!"

Jetzt lacht mein Vater schallend. Meine Mutter grinst nur still. Sie denkt immer noch an all die Arbeit, die sie nur für Oma gemacht hat.

Ich sage: „Nur hundert Meter südwestlich findet ihr einen Garten, in dem man euch in Ruhe lässt. Himmlisch weiche, **krümelige** Erde. Und keine Katze."

Mein Vater schaut rüber zu dem Garten, in den ich die Maulwürfe treiben will. Den von Nachbar Heinz. Natürlich hätten sie es dort auch schwer. Aber das muss man ihnen ja nicht sagen. Ich stehe auf.

Fadi sagt: „So, liebes Publikum, ihr habt es gehört. In wenigen Wochen werden wir hier nachprüfen, ob das **Maulwurf-flüstern** von Ben geklappt hat." Gegenüber setzt sich Heinz in Bewegung. Er schlendert über die Straße in unsere Richtung.

Vor unserem Zaun bleibt er stehen, die Arme verschränkt. Seine graue Hose ist etwas zu weit. Der Bauch spannt über dem Gürtel. Der Wind zerrt an dem Haar, das sein Hut nicht bedeckt.

„Normalerweise sagt man ja: Erst gut zureden und dann die schweren Geschütze. Aber hier läuft das umgekehrt, was?"

Mein Vater seufzt. Meine Mutter sagt müde: „Heinz, willst du eine Wurst? Wir haben zu viel gekauft. Du kannst auch gerne mal drinnen prüfen, wie ich die Türklinken poliert habe. Oder die Steckdosen ausgewaschen."

Heinz winkt ab. Als wäre nichts so **fernliegend**, wie dass er bei uns eine Wurst bekommen könnte. Fadi speichert das Video. Er wird bleich.

Emma fragt: „Aus Versehen gelöscht?"

Fadi schüttelt den Kopf. Er zeigt uns das Display. Eine Nachricht ist reingekommen.

Emma liest die Schlagzeile vor: „Schwerer Rohrbruch in der Köhlerschule." Sie scrollt unter das Bild, wo der eigentliche Text beginnt.

„Die Sophie-Scholl-Gesamtschule in der Nordstadt, auch Köhlerschule genannt, wurde Opfer einer rätselhaften Überflutung. Gleich mehrfach brachen die Wasserleitungen in den Schultoiletten. Marode Bausubstanz und Schimmel machen das Gebäude vorerst unbenutzbar."

Was? Habe ich denen etwa meinen Rohrbruch geschickt? Eine rätselhafte Flut, direkt aus meiner Fantasie? Emma schluckt. Nun sieht sie offenbar, was Fadi eben bleich gemacht hat. Sie zitiert: „Für die Zeit der **Restaurierung** sollen die Schülerinnen und Schüler aus dem Köhlerviertel in den Einrichtungen der anderen Stadtgebiete unterrichtet werden. Allen voran hier die ..."

Emma zögert einen Moment. „Allen voran hier die **Kleist-schule** auf dem alten Hügel."

Fadi sagt: „Scroll mal tiefer runter, wer da zu sehen ist."

Emma wischt. Ein Foto unseres Direktors erscheint, vor der runden Platte. Neben ihm: Herr Löffler und Frau Gneis.

Emma liest: „Der Direktor und die Lehrkräfte der Kleistschule freuen sich auf die gemeinsamen Wochen. Es sind besondere **Projekte** und Erlebnisse geplant. Sportliche Veranstaltungen seien ebenso angedacht wie eine **Theater-AG**. Die Lehrerin Gisa Gneis betont, dass die tagtägliche Begegnung von Schülerinnen und Schülern aus so unterschiedlichen Teilen der Stadt alle Seiten bereichern wird."

Ich weiß nicht, was gerade in Fadi und Emma vorgeht. Aber ich sehe sie vor mir, die „tagtägliche Begegnung" mit den Gangstern aus der Welt hinter der Unterführung. Tagtäglich werden unsere Augen ihren Fäusten begegnen. Unsere **Schienbeine** ihren harten Sohlen.

Sie werden uns die Rundlaufplatte ganz anders kennenler-
nen lassen. Mit ihrer Lebenswelt kommt der Krieg. Ich muss
nicht ins Köhlerviertel, doch nun kommt das Köhlerviertel zu
uns. Auf dieses Spiel sind wir nicht vorbereitet. Noch nicht.
Wir sehen uns an und wissen - jetzt geht es erst recht um
alles.

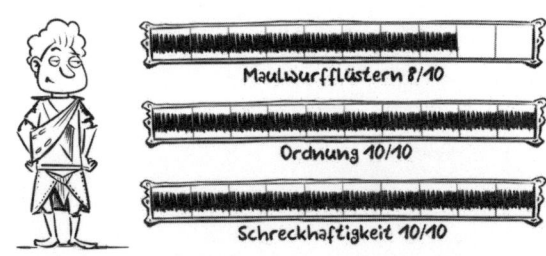

Maulwurfflüstern 8/10

Ordnung 10/10

Schreckhaftigkeit 10/10

INHALT

Der Ohrwurm 6

Der Maulwurf 14

Die Blätter 20

Die Pyrenäen. 24

Die Ringe 34

Die Wutwurzel 44

Die Briefe 54

Die Fingernägel. 58

Die Ledertasche 66

Der Fehlwurf 70

Der Donut 76

Die Wolken 84

Die Mauer 92

Der Blausturz 98

Das Upgrade 112

Der Flur. 122

Der Wahnsinn 140

Der Kongo. 152

Der Verrat 158

Die Wutwichtel 168

Die Prüfung 188

Das Hügelflüstern 196

Som Goldberg ist Autor, Zeichner und semiprofessioneller E-Sportler. Die volle Profikarriere als Gamer opferte er gerne seiner Passion, die echte Welt zu Papier zu bringen. Außerdem muss das Spiel, das ihn endlos fesseln könnte, erst noch erfunden werden. Dies ist mit **Exploria** geschehen. Lange blieb das Talent des Sohnes eines thailändischen Ingenieurs und einer deutschamerikanischen Botanikerin unentdeckt — bis die förderfreudigen Autoren **Sylvia Witt** und **Oliver Uschmann** (*Finn released, Log Out!*) sowie Cartoonist **Michael Holtschulte** (*Tot, aber lustig, Möge der Witz mit dir sein*) dem jungen Mann die Türen öffneten. Da trifft es sich gut, dass der Vorname Som den Anfangsbuchstaben der Vornamen seiner Förderer entspricht.